# はじめに

　本書『ボイスアンサンブル＆ボディパーカッション de リズム合唱』を初めて手に取った方の中には，「ボイスアンサンブルって何？」と思った方もおられると思います。

　「ボイスアンサンブル」とは，言葉を組み合わせて，音程を気にせずリズミカルに声を出す活動です。音程を気にせずにすむので，すべての子どもたちが楽しめるリズムでつくる合唱曲というイメージです。本書で紹介する曲は，2パートのものから5パートのものまでありますが，いずれもコール＆レスポンス形式になります。言葉が重なる楽しさや，言葉のもつリズムの楽しさも生まれて，初めて演奏したときにはきっと不思議な感覚になると思います。

　本書のテーマは，「言葉とリズムで友達とコミュニケーション」です。「歌が苦手でも」「楽譜が読めなくても」「楽器がなくても」「間違いを気にせず」みんなで楽しめるインクルーシブ音楽教材です。

　ボイスアンサンブルに取り組んだきっかけは，「指導時間が足りない！　もっと手軽に楽しめる教材が欲しい！」と思ったことでした。小学校通常学級や特別支援学校（知的障害）で様々な子どもたちの合唱，合奏指導をした経験から感じていたことは，指導の導入段階では「楽譜が読めない」「音程がわからない」「曲が長いと覚えられない」ということ。さらにもっとがんばろうとすると「声量，音色，ブレスが合わない」「頭声発声指導は限界がある」「ハーモニーが難しい」といった問題が出てきました。しかし，指導時間は限られています。そこで「指導時間を短く効果的に仕上げたい！」と考えるようになりました。

　そして誕生したのがボイスアンサンブルです。ボイスアンサンブル教材は音程がないので，元気に声を出せればOKです。2パートの簡単な曲ならすぐにできてしまうので，授業の導入にもピッタリです。子ども同士が一体感を感じ，団結力を育むことができる魅力的な集団活動です。短い曲は3分ほどでできます。

　子どもたちの多くは，「元気一杯声を出したい！」と思っています。歌うことが苦手な子どもや，気づかないうちに音程が外れてしまう子どもたち（聴覚障害の子どもも含みます）も，自分の声で表現することは大好きです。しかし，歌声を重ねて美しいハーモニーを重視する合唱になると，指導するにも時間がかかってしまいます。

　みなさんは，野球，バレーボール，サッカー，バスケット等の様々なスポーツ観戦に行ったとき，みんなで声を合わせて応援した経験はありませんか？「言葉を合わせると不思議と一体感を感じる！」「言葉のコール＆レスポンスは楽しい！」という感覚になったのではないでしょうか。

　本書で紹介している教材のテーマは，「学校生活」「お花」「文房具」「給食」「新幹線」「乗り物」「野菜」「お魚」「各地方の観光＆グルメ」「偉人」「楽器」「パンの種類」です。それぞれの

曲で，テーマに関連する言葉や数字等をリズムアンサンブルとして組み合わせています。いろいろな言葉で知識を広げながら，声を合わせる楽しさを体感してください。

　また，本書で紹介する曲は，ボイスアンサンブル作品の中に，簡単なボディパーカッションの部分を入れています。「ボディパーカッション」とは，手拍子や足ぶみ，体の様々な部分をリズムに乗ってたたいて音を出す活動です。ボディパーカッションは，インクルーシブ教育や合理的配慮の点から取り入れました。脳性麻痺や言語的に「言葉が上手に発音できない」子どもたちも，手拍子や体をたたく（おなかをたたく，ひざ打ち）ことで，ぜひ演奏に参加してもらいたいと考えたからです。「上手に打てなくても」「音がずれても」構いません（参照：拙著『特別支援教育 de ボディパーカッション』明治図書）。実は本書で示している参考音源の中で，私の演奏も曲によって少し間違えています！　また，お手伝いしてくれた学生のみなさんの演奏にも「少し間違えても，笑ってエンディング」を迎えている作品もあります。それでも楽しく終わっています。最後はうまくできた子もできなかった子もみんな笑顔になって「楽しかったね！」と体感して頂けるのが本書の一番の願いです。

　ボイスアンサンブルやボディパーカッションによりみんなで一緒に演奏することで，みんなと一緒に同じ空間を共有することが大切です。そのことで，一体感や連帯感が生まれ，楽曲や行事を通した"望ましい人間関係づくり"が生まれると思います（参照：拙著『ボディパーカッション de クラスづくり』）。

　現在，一つの教室の中で健常児と共に様々な障害をもった子どもたちが一緒に学ぶ機会が増えてきています。中には言葉をうまく相手に伝えられない児童生徒もいます（理解はできているが，発語が難しい子も含みます）。ボイスアンサンブル曲は，問答形式（コール＆レスポンス）のリズム遊び感覚で取り組んでみてください。うまく言葉が出ない子どもでも，リズムに乗って身振り手振りの身体表現ができます。手拍子や体をたたくボディパーカッションの部分にぜひ参加してください。本書で紹介している曲は，すべての子どもたちが一緒に参加することが目標です。ぜひ，インクルーシブ教育を実現してください。

　音楽が苦手でも，音が聞こえなくても OK です。クラスが一つになれるリズム合唱で，子どもたちをグッと引き込んでみてください。授業の導入や学級活動，学校行事，特別支援学級との交流活動，異学年交流活動等の様々な機会に，合理的配慮ができる教材としてぜひ活用していただきたいと思っております。

2021年9月

山田　俊之

**4**

# Contents

## Chapter 2　すべての子どもが参加できる！ボイスアンサンブル＆ボディパーカッション

●アイコン

| 手拍子 | 手拍子は一番使う音です。強く打つよりは，はじけるように打つとよいです。 |
|---|---|
| 足ぶみ　右足　左足 | 足ぶみは，かかとから強くふみ鳴らさないようにしましょう。無理をすると，足を痛めてしまいます。 |
| ひざ　両方　右　左 | ひざは，半ズボンのときは強くたたきすぎないように，軽くたたいてください。 |
| おなか　両方　右　左 | おなかは，強くたたいても音は大きくなりにくいので，たたく動作を大きめにするとよいでしょう。 |
| 両手を上にあげて元気よく立つ | エンディングで使います。 |

●音源

・各曲の参考音源をQRコードで視聴できるようにしています（各曲頁に掲載）。本来は各パートを複数人で演奏することを前提につくっていますが，参考音源はパートがはっきりするように1人1パートで行っています。

・音源はあくまでも参考です。曲の構成やイメージを確認する程度にしてください。

・録音は，愛知教育大学，福岡女学院大学，九州大谷短期大学の学生の方々，明治図書の木村悠氏に参加していただきました。ありがとうございました。

・参考音源では，リズム伴奏に乗せて演奏しています。リズム伴奏を付けると，子どもたちの演奏も生き生きとした感じが生まれ，魅力的になります。授業参観，学校行事，発表会などで状況に応じてご活用ください。

リズム伴奏の音源は4種類の速さ（①♩=110　，②♩=120　，③♩=130　，④♩=135　）で作成しています。演奏は，山田俊之がカホンという楽器を使用して，8ビートのリズムで演奏をしています。

リズム伴奏の音源は
こちらから→ 　①♩=110　　②♩=120　　③♩=130　　④♩=135

## Chapter 1

# ボイスアンサンブルでインクルーシブ教育を実現！

# **1** ボイスアンサンブル de インクルーシブ教育

## ♪♪ 「インクルーシブ教育」とは？

「インクルーシブ教育」の意味は「障害のある子どもと障害のない子どもが共に教育を受ける」ことですが、以前は、「ノーマライゼーション」「インテグレーション教育（統合教育）」という呼び方もありました。私は、インクルーシブ教育が提唱される2012年より15年前の1996年に養護学校（知的障害）に転任し、次の年（1997年）に聾学校（聴覚障害）で出張指導を始めました。当時は特別支援学校という呼び名はありませんでした。他の種別も聾学校、盲学校（視覚障害）、病弱養護学校（肢体不自由含）という学校名でした。当時のアメリカの論文や教育誌は、障害児教育のことを Special education（スペシャル・エデュケーション）と記述しており、それで日本は特別（Special）支援学校になったのかもしれません（あくまでも、私見です）。日本では、文部科学省が2005（平成17）年に「特別支援教育を推進するための制度の在り方について（答申）」で特別支援教育の制度が検討され、2012（平成24）年より「インクルーシブ教育」が提唱されるようになりました。

本書での「インクルーシブ教育」は、障害のある子どもとない子どもが共にボイスアンサンブル＆ボディパーカッション作品を学ぶことで、「授業や学年、学校行事、作品発表を通して共に生きる社会」の実現に貢献したいという考え方です。

本書は、合唱や楽器の演奏活動に、これまで十分に参加できるような環境になかった障害（知的、聴覚、視覚、肢体不自由等）のある子どもたちが、積極的に参加し発表できる教材を目指して創作しています。今までの特別支援学校等の指導経験を生かし「演奏会などで障害の軽重に関係なく共に生き生きと発表できる作品づくり」を目指しました。具体的には「音程のない、短い言葉を使って声を出し、ボディパーカッションも取り入れた」ボイスアンサンブル作品になっています。

インクルーシブ教育として本書を使用するメリットは次の３点です。

①本書の作品はほとんどがやさしくすぐに取り組めるので、特別支援の子どもたちへの合理的配慮のハードルが低い。

②音程、音量も関係なく声を出せるので、間違いが目立ちにくく、特別扱いされることへの心理的負担が少ない。

③楽器や道具の準備がなく、合理的配慮のための予算がいらない（本書１冊で OK！）。

## ♪♪ 言葉やボディパのリズムだけの参加も OK!

インクルーシブ教育が進められる中では、今後、健常な子どもたちと支援を必要とする子どもたちが一つの教室の中で共に学ぶ機会がさらに増えてきます。そのような中、健常児も含め

てどの子にとっても，子ども同士が楽しく生き生きとコミュニケーションが取れる教材として考えたのが，本書でご紹介するボイスアンサンブル作品です。

ボイスアンサンブルは，子どもたちが，短い言葉のアンサンブルやボディパーカッションで，相手と呼応しながら一緒に表現方法をつくり上げ，仲間意識や一体感を高める活動です。それをクラスの仲間に表現発表していくという過程で，障害があるなしに関わらず，コミュニケーション能力を高めることができるのではと考えました。

曲によっては，言葉だけでなく同時に体を使って手拍子，おなかをたたく，ひざを打つ，足ぶみなど体の様々なところをたたいて音や動作で表現し，それをグループや全体で合わせたりします。また，言葉，リズム，好きな単語のみの参加も可能です。

## ♪♪ リズム活動は心が落ち着く？

ボディパーカッション教育は，友達の輪の中に入りにくい，「よくキレるタイプ」のA男を中心に行った学級活動がきっかけで生まれました。A男は，友達との些細なことからトラブルを起こして「急に暴れる」「きつく叱ると教室から飛び出す」「運動場で走り回る」「授業中集中できない」「作業が持続できない」といったことが日常的に起きていました。

現在であれば，A男は社会性に課題がある児童として，発達障害に該当していたと思われます。当時の子どもを取り巻く教育環境の中では，ADHD（注意欠陥多動性障害），アスペルガー症候群，高機能自閉症，LD（学習障害）または自閉症スペクトラムなどの発達障害に対して，適切な用語や指導方法がほとんど見あたりませんでした。そこで，リズムを主体にした身体活動を行い，誰もが参加できる教材としてボディパーカッション教育を考案しました。すると，不思議とA男の落ち着く姿がよく見られるようになりました。

## ♪♪ ボイスアンサンブル作品のインクルーシブ教育としての考え方

### ①子どもの体は音楽やリズムがあると自然に動きだす（子どもの本能的欲求から）

一定のリズム（パルス）を感じることで，子ども同士がリズムの流れに乗って同調し，合わせようという気持ちが自然にそして本能的に働きます。ボディパーカッションもボイスアンサンブルも一定のリズムに乗って演奏します。

### ②作品に安心できる仲間や場所がある，合理的配慮（子どもの安全の欲求から）

グループ（2〜3人以上）で行うことで，仲間がいることの安心感につながり，お互いが助け合う気持ちになります。また，間違えても，うまくできなくても誰かがカバーしてくれる安心感があります。

### ③学校やクラスでの所属（グループ）意識を感じられる（子どもの社会的欲求から）

ボディパーカッションも，ボイスアンサンブルも，パートが分かれていても一つの曲をみんなでつくり上げている一体感を感じることができます。また，合唱と違って，音程や音色等を間違える要素が少ないため安心して取り組めます。また，少々間違えても「同じ言葉を言ってくれる仲間」がいるので全体としてカバーしやすく，そこにグループ全体での所属感を感じることができます。

# ② 音楽が苦手でも，音が聞こえなくても OK

## ♪♪ 合唱がきっかけで転校したB子

　私がボイス作品を本格的につくり始めたのはある難聴の女の子（B子）がきっかけです。B子は，小学校のとき，とても活発で積極的にいろんな活動に参加をしていました。クラス合唱の時間でも精一杯歌おうとしていました。しかし，B子にとって難聴であることは大きなハンディになります。つまり「音程が取れない」「声の大きさがコントロールできない」「他の人が歌っているのがほとんど聞こえない」「先生の指示が聞こえない」等です。合唱をするときは，B子にとっては大きなハンディを抱えて行ったことになるのです。

　歌が大好きで活発なその子どもは精一杯取り組んでいました。しかし，一生懸命歌えば歌うほど，友達と音程がずれ，音量（声の大きさ）が調整できず，周りから嫌な顔をされてしまいます。指導している先生も，「もう少し声を小さく」と指示をたくさん出すようになります。彼女は，だんだんと疎外感を味わうことになり，様々なことが重なり学校に行けなくなってしまいました。

　上記のことは，彼女が聴覚障害特別支援学校中学部に転向した後に聞きました。彼女が心を開いて話してくれたきっかけは，ボディパーカッションとの出会いでした。ボディパーカッション活動をしているときに「私たち難聴者は音楽が大好きなのです。一緒に演奏や歌を歌いたいです。だけどそれがうまくできないのです。でも，ボディパーカッションだったらそれができるのでとても楽しいです」と言ってくれたのです。

　私にとってはとてもうれしいことでした。ボディパーカッション活動は歌うわけではありません。手拍子をして，おなかをたたき，ひざを打ち，ジャンプしたりして体全体を動かします。大きな声を出すことは最後のエンディングや途中で行うかけ声ぐらいです。ほとんど声を出すことはありません。

## ♪♪ カラオケボックスで衝撃！

　ある日，ボディパーカッションの指導をしている聴覚障害の小中学部の生徒たちと一緒にカラオケに行くことになりました。きっかけは，ボディパーカッション活動をしている合間の休憩時間に，子どもたちが「嵐の歌が好き」とアイドルの名前を言ったからです。「歌うのは難しいよね」と問いかけたら，子どもたちは「うんうん」とうなずいていました。横にいた別の男の子が「歌は好き，カラオケも行くよ！」と言いました。そして他の子どもたちも「うんうん」とうなずきながら「好きだよ，僕も行くよ！」とそれぞれ手話で伝えてくれました。

　私はびっくりしました。「音程が取れない」「音量が調節できない」「カラオケ伴奏の音が聞こえない」のに，「どうやって歌う？」と疑問に思いました。そこで，マイクを持って歌うジ

ェスチャーをしながら「こうやって歌うの？」と聞いたら，同じようにマイクを持って歌うジェスチャーをしてくれました。他の子も同様にうなずいています。私は，それを聞いて，「ほんとかな？」と思ってしまいました。そこで，先生と一緒にカラオケに行ってみようということになりました。私はどんなふうにして歌うのか全く想像がつきません。

　カラオケの部屋に入ると，子どもたちが曲を探しています。パラパラと本をめくって結構みんな慣れているようです（2000年当時は本でした！（笑））。それにもびっくりです。

　そして，忘れもしない1曲目は，光GENJIの「勇気100％」でした。テレビ画面に映る歌詞を見ながら，ほとんど言葉は聞き取れませんでしたが，大きな声で楽しそうに「ワーワー100％ワーワーう〜う〜」と歌っています。私も曲を知っているので，100％も微妙でしたがわかりました。リズムのタイミングもそんなにずれてはいません。それを聞いていた子たちも一緒にノリノリで体を動かしていました。

　衝撃が走りました！「自分の固定観念の殻を壊すことができなかった！」聴覚障害の子どもたちは，「言葉が出ないのではなく，声を出したいけどうまく出せないので我慢している！」とわかったのです。合唱の場合は，「周りと声量や声質，言葉やニュアンス，アクセントを合わせる。綺麗に声を出す。音程を正確に歌う」などの細かい配慮が必要になります。しかし，それらは聴覚障害がある子どもたちには難しいのです。厳しいのです。しかし，聴覚障害の子どもたちは「声を出したい，のびのびと歌いたい」と思っています。

　「音程がうまく取れなくても言葉がうまく出なくても，歌う歌」があってもよいと思いました。「聴覚障害があっても，声は出せる！」のですから，「音の世界」から一番遠い位置にいる聴覚障害の子どもたちもできると直感しました。

## ♪♪　聴覚障害の子どもたちも音楽は大好き！

　前述のB子たちと雑談をしているときに，私が「音楽は楽しい？」と聞いたところ，「私たち"ろう者"（聴覚障害の意味）も，音楽は大好きなのです！　だからもっとたくさん音楽がしたいです！」そして，「振動があるからボディパーカッションは大好きです。それとボイスアンサンブルは声が出せるから楽しいです！」と言ってくれました。それから，いろいろなボイスアンサンブル曲に挑戦し，発音なども聞き取りやすくするために，絵カードで内容を観客に伝える工夫をした結果，わかりやすく発表できるようになりました。

　通常演奏会に行くことがほとんどない聴覚障害者が，声を出すボイスアンサンブルで演奏会の主役になります。手話等のコミュニケーションで「声を出すことが少なく話せないイメージ」がある子どもたちが音（声）で観衆に伝えます。それが聴覚障害のある子どもたちにとって"自己肯定感"につながり，"楽しい"をさらに超えた充実感，達成感になり予想以上の成果が得られました。これこそ，聴覚障害の子どもたちにとっての自己実現（相手が楽しむことで，自分が幸福感を得る）の一つではないかと思いました。

# ③ 合唱はクラスが一つになれる！ でもハードルが高い……

## ♪♪ 合唱の魅力

　みなさんも一度は合唱の経験があると思います。クラス合唱，学年合唱，全校合唱，クラブ活動やサークルでの合唱です。歌声で他の人とハーモニーをつくり上げることの楽しさを体験することは，とても素晴らしい活動だと思います。

　私の経験からですが，合唱の魅力は「自ら歌い，周りとの歌を合わせる楽しさ」ではないかと思います。それには「一人ひとりが主体的に責任をもって歌う」ことが求められます。また，「好き勝手に歌うのではなく，全員の声を合わせてハーモニーを創り協働的に歌う」ことも必要です。主体的と協働的の双方を大切にし，全員で歌を重ねていくうちに一体感や達成感を得ることができます。それは音楽的な学びだけではなく，お互いを思いやる気持ちや合唱を聴いてくれる人に対しての感動や感謝などの素晴らしい効果がたくさんあります。読者のみなさんも，合唱したとき，クラスやグループが一つになる感動を経験され，それが合唱の魅力だと感じたのではないでしょうか。

## ♪♪ 合唱はハードルが高い子どもたちへ

　歌が上手な人ばかりの合唱が素晴らしいかというと必ずしもそうではないと思います。声がぶつかり合って残念な演奏になることもあります。一人ひとりは音程が不安定だったり，固い声だったり，弱々しかったりと欠点があるのに，みんなで歌うと素敵なハーモニーになることもあります。

　しかし，質の高い合唱を行うためには「歌うことの苦手意識をなくす」「音程を取る」「頭声発声」「楽譜を読む」「声量の調節」「声の音色」「バランスを取る」「リズムを合わせる」「抑揚や強弱」などが必要で，本格的な合唱になればなるほど，ハードルは高くなります。

　「合唱に慣れている子どもや大人」にとっては，「ハードルを越える」ことが「暗黙の了解」になっています。そして，「合唱に慣れていない子どもや大人」にとって，この「暗黙の了解」が「できて当たり前」になり，さらなるハードルになるのです。

　私の経験ですが，音楽大学の学生の方々が集まっている中に飛び入りで合唱に参加してびっくりしたことがあります。全員に初めて見る曲の楽譜が渡され，その初めて見る楽譜で見事なハーモニーまで入った合唱が始まったのです。「暗黙の了解」のレベルがとてつもなく「高い！」例です（私は自信がないので，できるだけ小さい声で歌っていました（笑））。

　私のように，うまく歌えない人も参加でき「ハンディキャップがあるなしに関わらずみんなで楽しめる合唱」教材はできないかと考えて，本書のボイスアンサンブル作品を書きました。これなら「合唱はハードルが高い！」と感じる子どもたちでも気軽に参加できると思います。

## ♪♪ 上手に歌えないけど声を出す入口として！

　上手には歌えないけれど元気で大きな声が出せる子どもや大人もたくさんいます。特に，子どもの野球，バスケ，サッカーなどの運動系サークルでは「大きな声を出す」ことを求められます。私も過去に，地域のミニバスケットボール監督を５年ほど経験し「大きな声を出す」ことは，子ども同士のチームプレイや安全面からもとても大切なことと感じました。

　「地声で大きな声」と「頭声発声の綺麗な声」この両者の立場は相入れないのかもしれません。しかし，ボイスアンサンブル教材は，その両方から歩み寄ってほしいと思っています。ボイスアンサンブル作品は，ある音楽から大きなヒントを得ています。それはバリ島の"ケチャ"です。短い発音の言葉を組み合わせて，それが重なることでとても心地よいリズムアンサンブルが生まれてきます。このような声の出し方であれば，先に紹介したような聴覚障害の子も参加できるのではないかと思いました。

　ボイスアンサンブル作品は合唱のようにメロディやハーモニーはないのですが，声を合わせてみんなで一体感をもつ音を作ることはできると思います。合唱はちょっとハードルが高いと感じている子どもたちには，「合唱の入り口」の感覚で使っていただけたらと考えています。

## ♪♪ 心のハーモニー＆協調性を育み➡人が喜ぶ➡自分たちも楽しむ

　合唱もボイスアンサンブルも，練習を重ねていくと各パートの声がまとまってきます。そして一つの声になるのですが，そこには，協調性が必要になってきます。ボイスアンサンブル作品は，２～５のパートに分かれています。自然と周囲のメンバーと協力する協調性が芽生えてきます。この協調性はいろいろな場面で生きてきます。例えば，将来仕事の場面では目的をメンバー全員で共有し，それを達成するために互いに協力する協調性が必要になります。大げさですが，各パートに分かれて，１曲をつくり上げる過程は「人生における大切なスキルの一つが，身に付く」ことにもつながります。それが，「心のハーモニー＆協調性」として会場いっぱいに響き，聴く人（見る人）が喜んでくれる姿に変わると思います。「人を喜ばせることで，自分たちも楽しむ」をぜひ体感していただきたいと思います。

　本書は，小学校低学年から中学生まで手軽に，各学年で楽しめるようにたくさんの曲を準備しました。これらの作品は健聴者やその他の障害のある子どもたちも一緒に楽しんでくれると思います。曲によっては，ボディパーカッションを取り入れて「声がうまく出せない子ども」も参加できる工夫をしています。それぞれの子どもたちの実情に合った形で使っていただければと思います。そして，見る人聴く人を楽しませるだけでなく，自分も楽しんでください。

# ④ 楽しいだけではだめ、そこに「知」がほしい

## ♪♪ 作品のテーマに「知」を感じてほしい

　平成21年度に、内閣府が18〜24歳の青年を対象に行った「第8回世界青年意識調査（HTML）」に「あなたが学校に通う必要があると考える要素や目的、意義は何ですか？」という質問項目がありました。その回答から、日本の義務教育学校（小・中学校）では「友達との友情をはぐくむ」「一般的・基礎的知識を身に付ける」ことが重要な要素になっていることがわかりました。

　合唱や合奏等の音楽活動は、各パートに分かれてお互いに協力し、一つの作品をつくり上げることで「友達と友情を育む要素」があります。ボイスアンサンブルは、そこに言葉による知識が入るので「一般的・基礎的知識を身に付ける」の要素も加わるのではないかと思います。

　ちなみに、同項目のアメリカ、イギリス、フランスの結果を見ると、3国とも1位が「一般的・基礎的知識を身に付ける」になっています。欧米の学校は「知識を学ぶ場所」であると考えられているようです。

　本書でご紹介するボイスアンサンブル作品に出てくる言葉は、「エジソン」「アンコールワット」「神無月」「ヴィオラ」のように短いキーワードになっています。「その言葉は何？」をきっかけにタブレットなどでさらに調べることで、知識が深く確実なものになっていくでしょう。

　ボイスアンサンブルには「言葉」があり、「テーマ」があります。そのテーマを様々なキーワードを使って提示しています。各作品のテーマに「知」を感じてほしいと思います。

## ♪♪ 5つのジャンルでボイスアンサンブル

### ①学校生活

　学校生活を送るうえで、子どもたちにとって重要な時間を占めるのは、各教科の授業、給食、休み時間、係や掃除の時間などです。また、子どもの頃に読んだ本も印象に残ると思います。それらのキーワードを使って作品をつくっています。

### ②乗り物

　子どもたちは乗り物が大好きです、特に、新幹線は車よりも短い時間で遠くに行けるので魔法の移動手段かもしれません。新幹線は日本が開発した世界に誇れる電車ですので、新幹線の歴史（ヒストリー：history）や精密さなどをテーマに作品をつくっています。

### ③自然

　このジャンルは、理科や生活科の知識になると思います。お花の種類、野菜の種類、虫の種類など意外と知らない名前があるのではないでしょうか？　中でも野菜を取り上げた作品を2つ入れています。それは、子どもたちに野菜を好きになって、たくさん野菜を食べてほしいと

思っているからです。

**④観光・グルメ**

　ここでは日本を6つの地域に分けて紹介しています。テレビ番組でも観光とグルメがテーマになっている番組がたくさんあります。お取り寄せの食物や野菜，全国各地の名産などが通信販売ですぐに手に入るようになりました。

　本書のボイスアンサンブル作品で紹介されたものを調べたり，実際に食べてみたりして，「なぜこの名物・名産ができたのか？」と歴史をたどることも楽しいのではないでしょうか。また，子どもたちが大人になったとき，実際に乗り物に乗って移動し，日本中を旅行するきっかけになるかもしれません。

**⑤古今東西**

　このコーナーの作品テーマは多岐にわたっています。「世界遺産」「世界の偉人」「オーケストラや日本の楽器」「春・秋の七草」「日本の月の呼び名」「世界のパン」などです。小学校低学年には少し難しいかもしれませんが，小学校高学年や中学生でも楽しめる知識だと思います。興味をもって取り組んでください。

## ♪♪ 「知ることの楽しさ」を深めてほしい

　本書の作品を演奏してくれた子どもたちには，作品に出てくるキーワードを調べてもらいたいと思います。現在は，スマートフォンやタブレットが小学生にまで行き渡っており，すぐに調べることができます。さらには，「何かに興味関心をもつ→わからないことを調べて解決する」という問題解決学習につながります。

　本書のボイスアンサンブルの作品は，「世界遺産」「世界の偉人」「日本の名産」「乗り物」「給食」「野菜の種類」などの特徴をキーワードにして紹介しています。子どもたちは，各作品の中で取り上げたキーワードが，自然と知識として頭に残り，「なぜこのような素晴らしい世界遺産ができたのか？」「世界の偉人はどんなことをしたから偉人になったのか？」「野菜の栄養って何？」「○○はどんな場所？　気候は？　地形は？　歴史は？」と興味関心を広げ，疑問を解決し，知識を獲得していくようになればと思っています。また修学旅行などでグループに分かれて，フィールドワークを行う学校も増えてきました。「観光・グルメ」作品に出ている地域に興味をもって，「グループで話し合い→現地で調査→まとめる→発表」という実践的なアクティブラーニングの取り組みにつながるかもしれません。子どもたちには日本全国に素晴らしい観光名所，美味しい食べ物，それが生まれた背景や歴史があることも知ってほしいと思っています。

　昔から，「知識は判断する力につながる」と言われています。一つのキーワードから，様々な知識が広がれば，将来の指針や判断する力につながります。ボイスアンサンブル作品をきっかけに，「知ることの楽しさ」をさらに深めていただければと思っています。

# ⑤ ボイスアンサンブル作品は「導入でグッと引き込む！」

## ♪♪ 導入で顔を合わせた言葉のキャッチボールを

現在，コミュニケーションの中心はメール，LINE 等による「文字」で行う方法になってきました。テレビドラマでも当たり前のように出てくるようになりました。しかし，顔を合わせて「話し言葉」のキャッチボールをすることも大切なコミュニケーションです。

リズミカルに会話が進む感覚を身に付けると，友達同士のコミュニケーション能力も高まり，一体感や達成感が感じられます。ボイスアンサンブル作品はそのような感覚を，授業の導入で体感できる教材です。

## ♪♪ 導入で一体感をつくろう

子どもたちは，元気一杯声を出したい！ と思っています。ボイスアンサンブルは「もっと気楽に合唱を楽しもう！」という考えで，短い言葉を組み合わせ，リズムアンサンブルによって声を合わせる楽しさを味わうことができる活動です。

音程を気にせず，リズミカルに声を出し，コール＆レスポンスの問答形式で行います。私が授業の導入で提唱している「まねっこリズム」や「みなさんリズム」（先生がリズムに乗って手拍子やパフォーマンスをしたのを，子どもたちが真似するコール＆レスポンスのリズム活動）と通じるものがあります。子ども同士がリズムで同調し，言葉のアンサンブルを行うことで，一体感を感じる表現方法になります。

## ♪♪ セロトニン神経を活性化するリズム活動

リズムに乗って言葉を出すことは，バリ島の音楽 "ケチャ" の演奏風景に見られるように，心地よい神経物質（ドーパミン，アドレナリン，セロトニン等）が活性化されるようです（YouTube でぜひ "ケチャ" をご覧ください）。このことは，「ボディパーカッション教育の研究会やシンポジウム等」でご一緒したセロトニン神経研究の第一人者である有田秀穂先生（東邦大学医学部名誉教授）が「ボディパーカッション等のリズム活動はセロトニン神経を活性化し心が安定するのに効果がある」と言われたことにも通じるのではないかと思います。

## ♪♪ すべての子どもたちが参加できるインクルーシブ教育

合理的配慮が当然になっている現在，一つの教室の中で健常児と共に様々な障害をもった子どもたちが一緒に学ぶ機会が増えてきています。中には言葉をうまく相手に伝えられない児童生徒もいます（理解はできているが，発語が難しい子も含みます）。ボイスアンサンブル曲は，問答形式（コール＆レスポンス）のリズム遊び感覚で一緒に参加できるので，うまく言葉が出

ない子どもでも，リズムに乗って身振り手振りの身体表現ができます。

　ボイスアンサンブルは音程に関係なく元気に声を出せれば OK です。2パートの簡単な曲は，誰でもすぐにできてしまうので，授業の導入などにちょっと取り組むのにピッタリです。この活動をする際に一番大切なことは，「言葉を通して，リズム活動を楽しんでいるか」ということです。声だけでなく，手拍子や体をたたくボディパーカッションもあるので，すべての子どもたちが一緒に参加できるインクルーシブ教育教材といえるでしょう。

### ♪♪ 合唱のハードルを取り除き，導入でグッと引き込む教材に！

　合唱は，みんなで一つの歌を歌うことで，お互いコミュニケーションが取れたり，一体感を感じたり，団結力を育んだりと，とても魅力的な音楽的集団活動です。しかし，ある程度仕上げるのに時間がかかります。

　特に，コンクールや合唱祭などに出演する本格的な合唱となると，音程はもちろん，声の大きさや，発声（音色），ブレス（息つぎ）などを揃えることが大切になってくるため，歌が苦手な子どもたちにとっては負担（ハードル）が大きくなります。

　私自身も小学校通常学級，特別支援学校（知的障害），聾学校（聴覚障害）などで様々な子どもたちと一緒に合唱指導を実践してきました。その経験から実感した子どもたちのハードルは次のような内容でした。

　・音程がなかなか揃わない。
　・声量がコントロールできない。
　・音色を揃えることが難しい。
　・ブレスのタイミングが合わない。
　・頭声発声が難しい。
　・楽譜が読めない。
　・発語が難しい。
　・ハーモニーが難しい。
　・楽曲が長くて覚えられない。

　一方，ボイスアンサンブルは，上記のハードルがほとんどありません。指導時間も一気に短縮できるので，導入でもサッと取り入れることができます。そして一番のポイントは，聴覚障害の子どもたちも参加できることです。うまく発語はできなくても "みんなと一緒に音楽をつくっている喜び" を感じることができます。

　ボイスアンサンブル曲は「作品がすぐにできてしまう！」のです。この手軽さがボイスアンサンブルの魅力ではないかと思います。子どもたちを「導入でグッと引き込む！」教材として活用していただけたらと願っています。

# **6** ボイスアンサンブルの指導ポイント

## ♪♪ ボイスアンサンブルとは？

　教材として「ボイスアンサンブル」は聞きなれない言葉かもしれません。実は「ボディパーカッション」と同じく造語です。「ボディパーカッション」は今から30年前から使い始めましたので，"体を楽器のようにたたく活動だよね"と知っている方も多いと思います。

　「ボイスアンサンブル」は"音程がない言葉のリズム合唱"になります。リズムに乗って，言葉をグループ（又は個人）で声を出して，一定のテンポに合わせて言葉をリレーしたり，重ねたりしてアンサンブルを楽しみます。

　また，全体をいくつかのパートに分けて，自分のパートの言葉を発音します。各パートはかけ合いのように交互に言葉を言ったり，同じ言葉を一緒に言ったりします。また同時に別の言葉が重なって複雑なリズムもできあがります。

　聴覚障害や難聴の子どもは音程を取ることが難しいのですが，そのような子どもたちも一緒楽しめるようしています。また，吃音の子どもたちも一緒に楽しんでください。このボイスアンサンブル教材は「間違えても，音程が取れなくても大丈夫な合唱」だからです！

## ♪♪ 指導のポイント

・演奏している児童生徒に共通しているのは，一定のテンポ（速さ）を感じるパルスです。このパルスを大切にしてください。

・楽譜に，音の強弱や，アクセント，また体を大きく広げる動作を指定しています。私の経験からそのようにすると子どもたちがより楽しく活動ができました。ぜひお試しください。

・テンポを刻むことによって，リズム感が培われてきます。歌うときにもリズムの流れがあるように，ボイスアンサンブルにもリズムが流れています。このことを考慮に入れて指導してください。

・言葉のリズムは，言葉の感覚を大切にしています。指導者は，できるだけリズムを正確に把握してください。そして，それを指導者が実際に発声して，子どもたちには「耳で聴いて」覚えるように指導してください。

【参考例】

　例えば「自動車」の場合，「自動車」（♪♪♪♪）ではなく「自動車」（♪♪ ♪）となります。実際のニュアンスを伝えないと，曲の流れやリズムの流れが違ってきます。その点を注意してください。

## ♪♪ インクルーシブ教育の視点から

・聴覚障害の子どもたちは，音程を取ることが難しいのですが，歌を歌うことが大好きです（P12「音楽が苦手でも，音が聞こえなくてもOK」をご参照ください）。そのような難聴や聴覚障害の子どもも一緒に楽しめます。できる範囲でぜひ参加させてください。

・特別支援の子どもでうまく言葉がしゃべれない子，またうまくタイミングを合わせるのが難しい子がいても，無理はさせないでください。また，手拍子だけ，おなかをたたくだけの参加も大丈夫です。そのためにボディパーカッションも取り入れています。

・できない子どもがいても，"無理にテンポに当てはめる"ことはしないでください。無理強いすると，演奏を楽しめなくなり，そのことがきっかけで活動自体に参加意欲をなくします。

・参加が難しい子どもは，その場にいるだけでも十分参加していると思ってください。少しでも口を動かしたり，手拍子を打とうとしていたらそれは素晴らしいことです。

・担任や担当の先生は，個別に子どものことを理解されているので，その子にあった「個別の支援計画」を立ててください。

## ♪♪ ボイスアンサンブル曲の「繰り返しの部分」について

・音楽会や学習発表会など，人前で演奏する場合は，曲のテンポ感やスピード感も大切ですので「繰り返しなし」で演奏されても大丈夫です。

・「繰り返しの部分」が随所に出てきますが，これは前述のインクルーシブ教育の視点から取り入れています。1回目はうまく入れなくても，「繰り返す」ことで2回目は演奏ができやすくなると思います。演奏としては長く感じますが，授業では過程を大切に指導をお願いします。通常学級と特別支援学級の交流活動では，「繰り返し」がとても有効でした。

・曲集はテーマが広範囲に渡っています。文化，歴史，季節，文具，観光，グルメなど多種多様です。「繰り返す」ことで，自然と知識として覚えてほしいと思います。

・本書のボイスアンサンブル曲は低学年から楽しくできる教材として創作しました。「繰り返し」を取り入れることで演奏しやすくしました。

・この教材は，一定のテンポを保って言葉がリズムになります。聴覚障害の子どもたちにとっては，言葉のリズムアンサンブルが「音程のない合唱」になると考えています。特に「繰り返す部分」は言葉とリズムがぴったり合うことで，声を揃える楽しさを味わってほしいと思います。

# 谷川俊太郎先生との共演が
# ボイスアンサンブル作品の礎

　十数年前のことですが，夏の音楽セミナーで詩人の谷川俊太郎先生と共演させていただく機会がありました。最初は谷川先生と別々の講座予定でしたが，「一緒に何かできたら楽しそうですね！」と主催者の方からお話があり，"詩集や教科書に出ている憧れの先生"でしたので「お願いしたいです！」とお返事をして実現しました。

　内容は，今回のボイスアンサンブル作品集のようなイメージで，音楽リズム（パーカッション）を取り入れて講座を行うことになりました。共演させていただく谷川俊太郎先生の詩（題材）は，「たいこ」です。

　詩の教材を小中学校の授業で行う場合は，通常は国語ですので「朗読」又は「群読」だと思います。このときは，音楽を中心とした講座でしたので，詩（「たいこ」）をリズミカルな楽曲として紹介することになりました。

　音程やメロディーではありませんが，谷川先生がリズミカルに詩（太鼓の音を擬音にした部分）を朗読され，私がその擬音に呼応するように太鼓を叩きます。1行ごとに一定のリズムの中で間が空き，リズミカルに私が太鼓を叩いて進行していきます。音楽的には，本書のボイスアンサンブル作品のように4分の4拍子の曲として進行していきます。途中から，ピアニストで御長男の谷川賢作先生が即興演奏で入るという設定でした。

　谷川先生が小さな音で読み始め，次第に大きな声に変わり，また最後は小さな音声に戻っていきます。静かなスローテンポから始まり，次第にアップテンポから激しい読みになります。音程はありません。実際の演奏の流れは，下記のとおりです。

「谷川俊太郎先生が詩を音読→山田が太鼓を叩く」（何度か繰り返す）
　→盛り上がってピアノ谷川賢作氏即興演奏→エンディング

　（何度か繰り返す）ところは，谷川先生の言葉が「どんどん」「どんどこ」「どどんこ」「どこどこどこどこ」と変化していき，そのリズムに呼応するように私の太鼓も変化していきます。太鼓をたたく音が遠くから聞こえ，次第に激しくそして目の前の通過し，遠ざかって行くようです。朗読される詩にリズムの息吹が吹き込まれ，間の取り方，言葉の抑揚，リズム感に圧倒され，まさに「言葉の音楽作品」でした。

　谷川俊太郎先生の「音読」と共演させて頂いた経験が，本書「ボイスアンサンブル作品集」の礎になっているのは間違いありません。

　このときから，「リズミカルに発声すると，言葉が楽しめる！」ことを確信し，インクルーシブ教育として聴覚障害の子どもたちが一緒に参加できるリズム合唱曲「ボイスアンサンブル作品」を楽しむようになりました。

# Chapter2

## すべての子どもが参加できる！
## ボイスアンサンブル＆
## ボディパーカッション

楽譜を見ると各パートともあまり演奏していないように感じますが、5パート一緒に演奏するととても楽しいアンサンブルになります。後半は、全員で盛り上がり、最後は声を合わせて「学校生活楽しいよ！」と締めくくってください。

# 楽しい学校生活

山田俊之　作詞・作曲

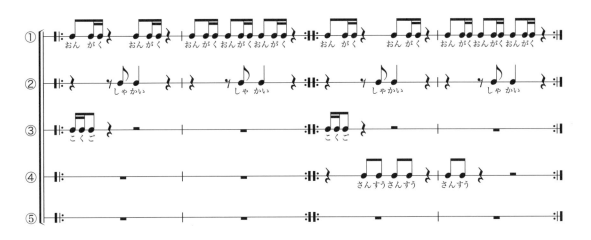

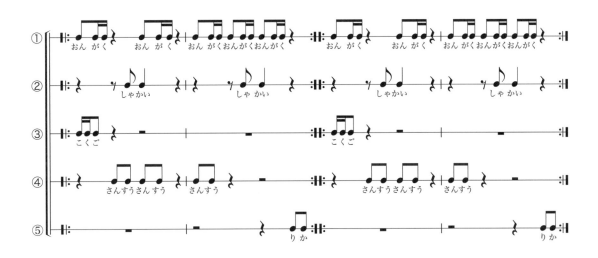

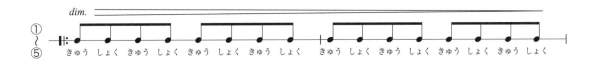

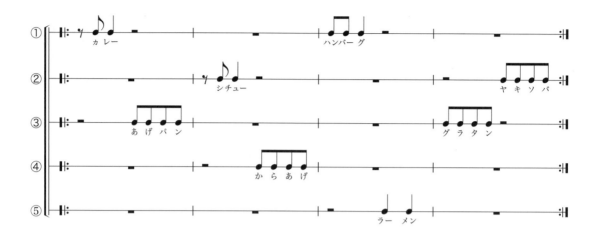

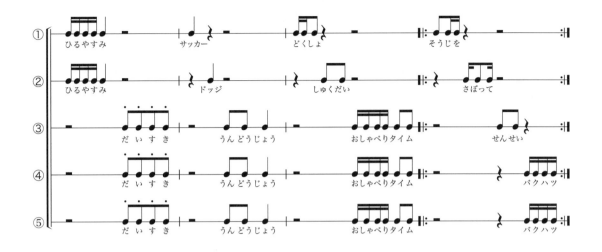

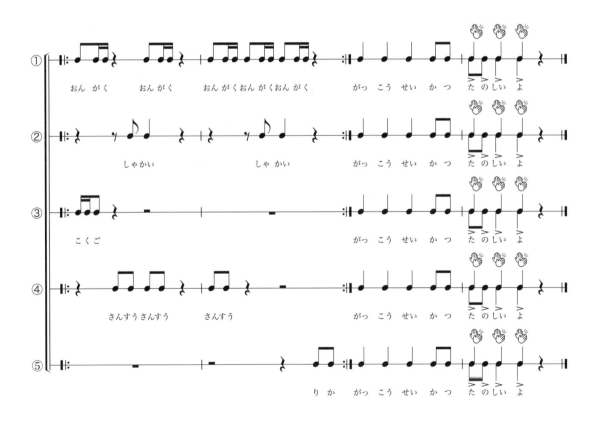

# 楽しい文房具
# ワンダーランド

山田俊之　作詞・作曲

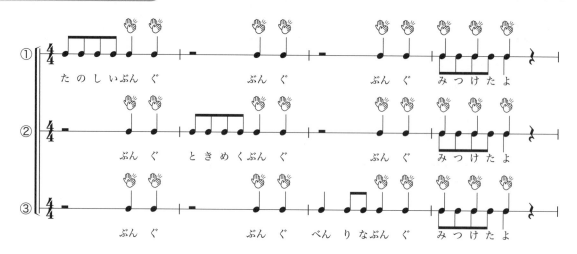

① たのしいぶんぐ　　ぶんぐ　　ぶんぐ　みつけたよ

② ぶんぐ　ときめくぶんぐ　　ぶんぐ　みつけたよ

③ ぶんぐ　　ぶんぐ　べんりなぶんぐ　みつけたよ

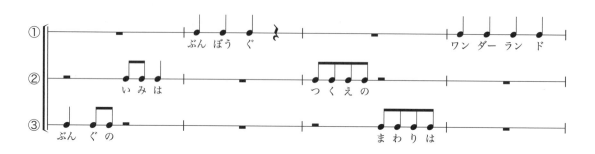

① ぶんぼうぐ　　　　　　　　　　ワンダーランド

② いみは　　　つくえの

③ ぶんぐの　　　　まわりは

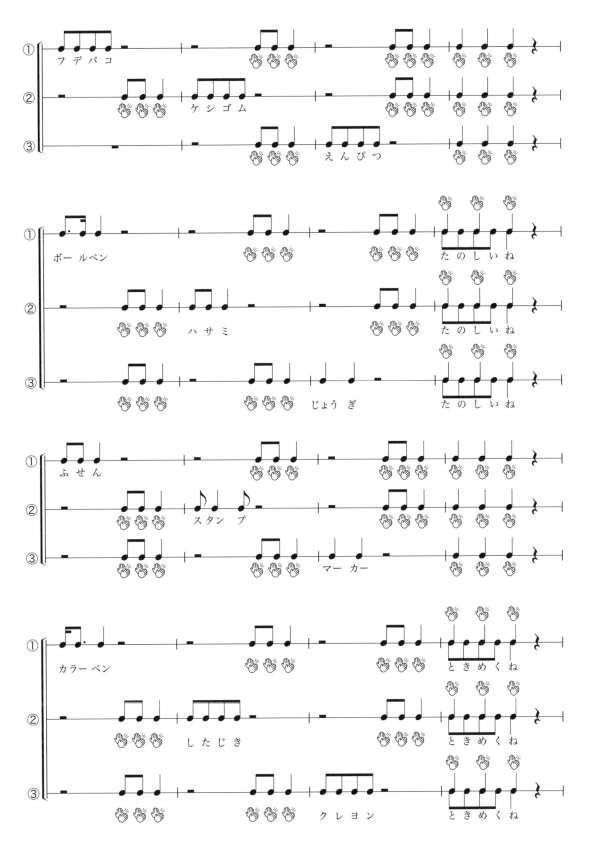

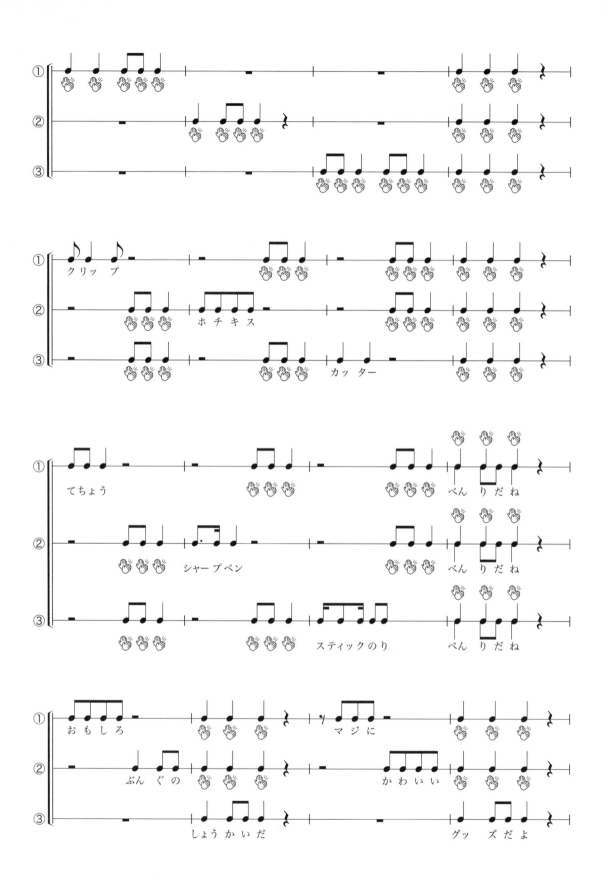

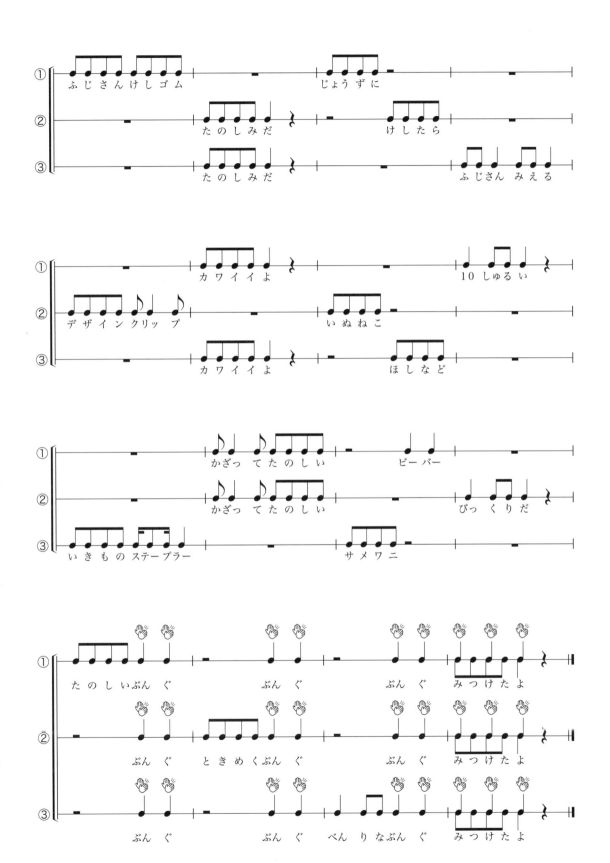

子どもたちに読んでもらいたい本はたくさんありますが，教科書に掲載された物語や，人気の作品を紹介しています。演奏するときは，本を手に取って見せながら発表すると楽しいと思います。

# 楽しい読書
## "Fun reading"

山田俊之　作詞・作曲

学
校生活

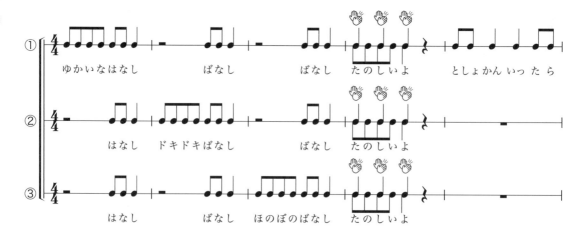

① ゆかいなはなし　ばなし　ばなし　たのしいよ　としょかん いったら
② はなし　ドキドキばなし　ばなし　たのしいよ
③ はなし　ばなし　ほのぼのばなし　たのしいよ

① おすすめだ　『ごんぎつね』
② かならずあるよ　おすすめだ　兵十 うなぎを
③ ハラハラワクワク　おすすめだ

（本を見せる）

① かなしいよ　ほのぼの
② かなしいよ　『くまの子ウーフ』
③ にがしたよ　かなしいよ　ユーモア

（本を見せる）

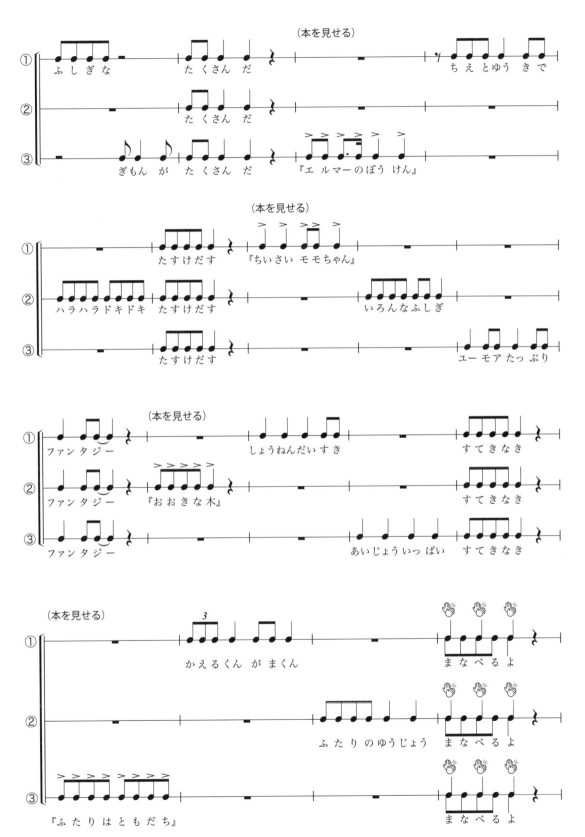

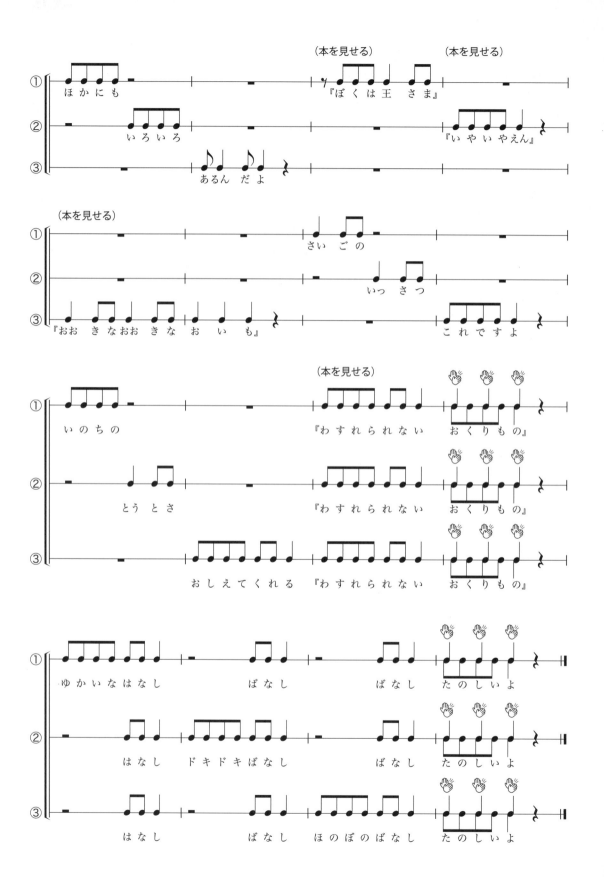

子どもたちが大好きな給食メニュー，また大人が懐かしい給食メニューを紹介しています。授業参観の最後に披露すると保護者の方も大変喜ばれると思います。ぜひ試してみてください。

# 食べたい！なつかし！学べる！給食

山田俊之　作詞・作曲

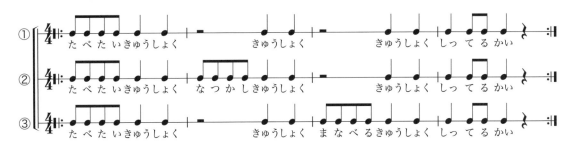

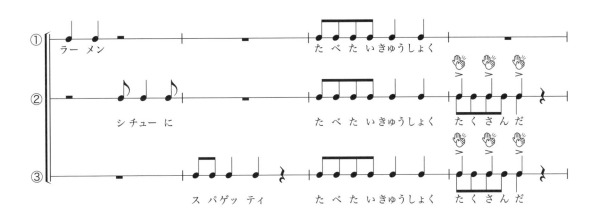

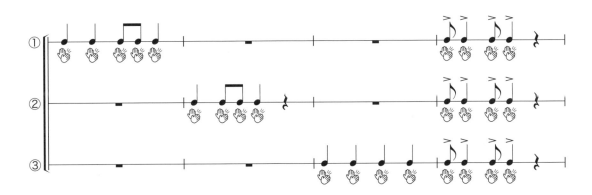

←この作品の音源はここから視聴できます

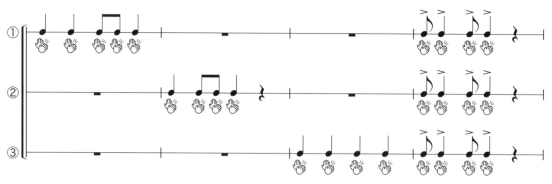

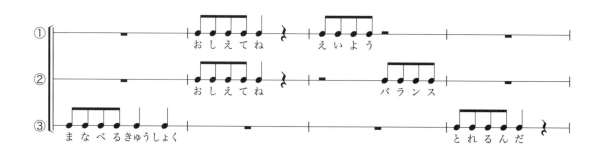

この曲は手拍子，足ぶみのボディパーカッションが入ります。小学生の子どもたちが好きな乗り物をアンケートの上位から選んで組み合わせました。乗り物の種類は低学年向けになると思います。

# 乗り物大好き

山田俊之　作詞・作曲

乗り物

※4拍目は1回目は
4分休符にする。

# いろんな新幹線

山田俊之　作詞・作曲

乗り物

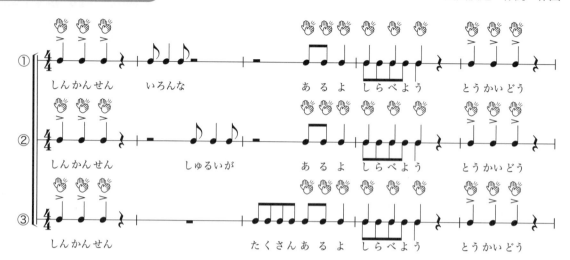

① しんかんせん　いろんな　　あるよ　しらべよう　とうかいどう

② しんかんせん　　しゅるいが　あるよ　しらべよう　とうかいどう

③ しんかんせん　たくさんあるよ　しらべよう　とうかいどう

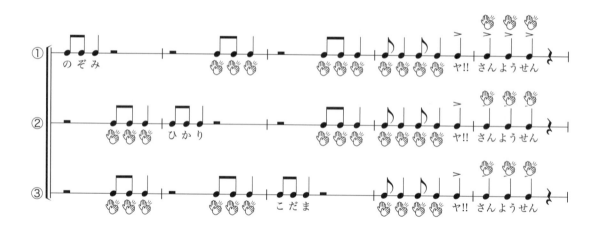

① のぞみ　　　　あるよ　　ヤ!! さんようせん

② ひかり　　　　　　　ヤ!! さんようせん

③ こだま　　　ヤ!! さんようせん

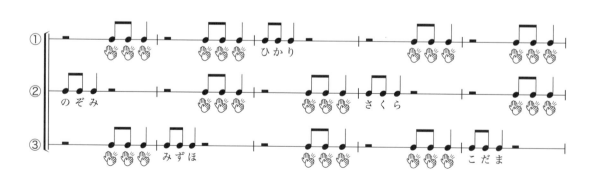

① ひかり

② のぞみ　さくら

③ みずほ　こだま

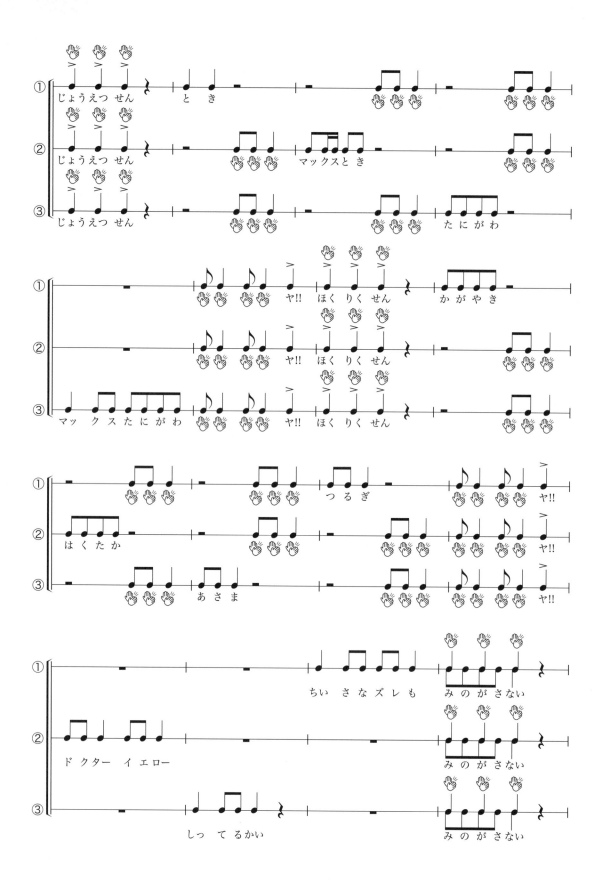

新幹線のスピードの進化，安全神話，全国様々な地域まで開通したことなど，年代を含めて学べるようにつくっています。また，新幹線の種類も合わせて学んでいきましょう。

# 新幹線ヒストリー

山田俊之　作詞・作曲

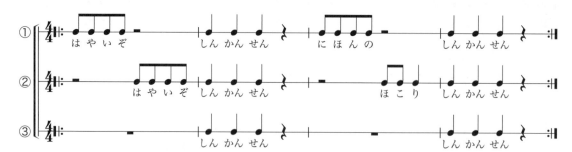

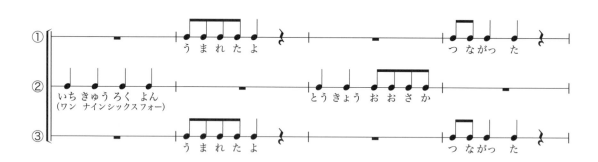

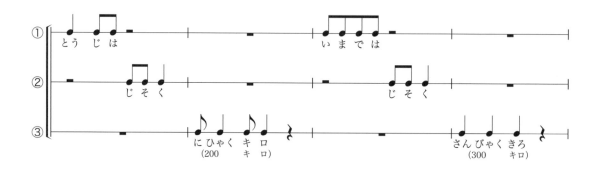

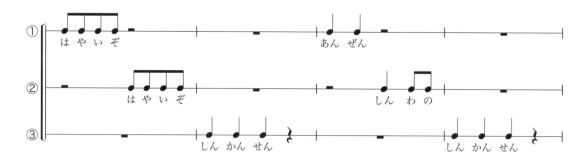

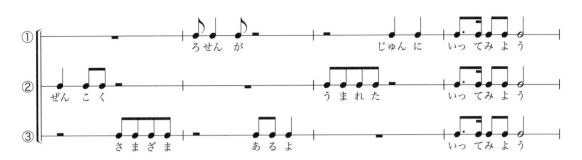

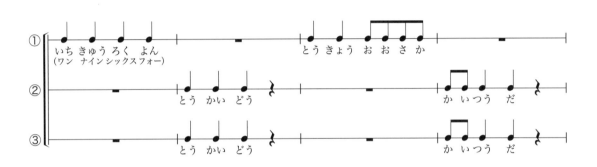

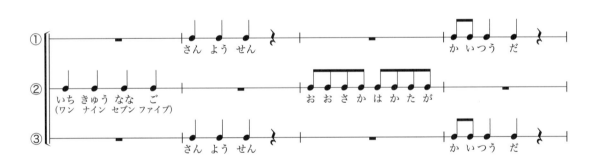

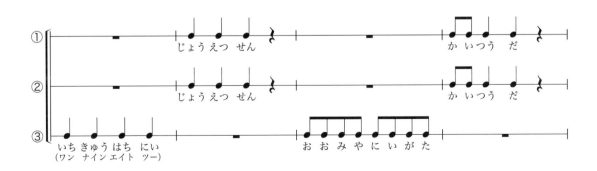

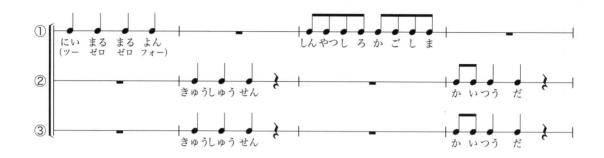

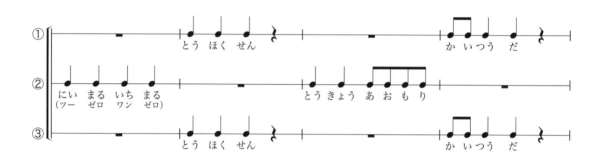

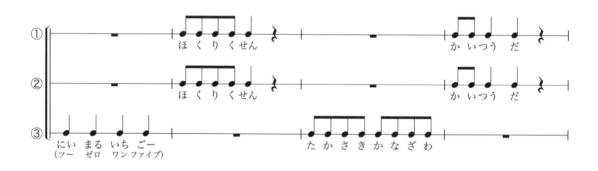

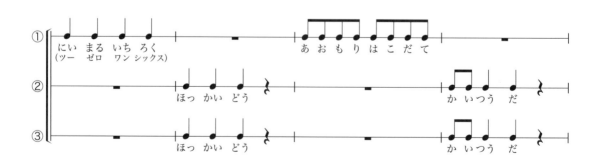

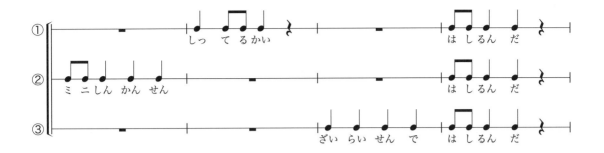

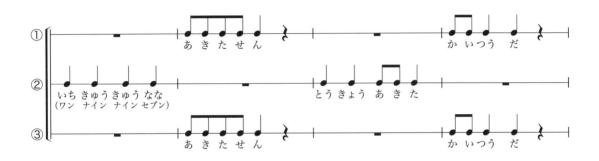

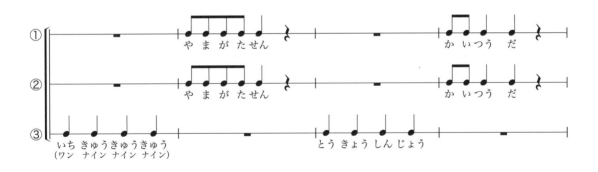

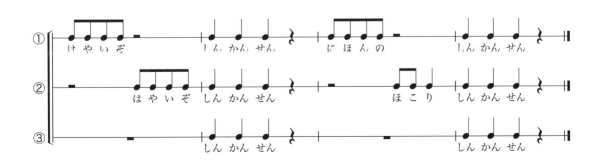

春夏秋冬と４つの季節でお花を紹介しています。子どもたちには，ぜひ各季節の花の名前を覚えて，お花を見ることで季節の変わり目を感じてほしいと思っています。

# お花大好き４シーズン

山田俊之　作詞・作曲

**自**
**然**

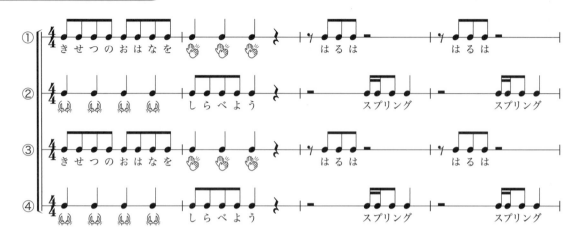

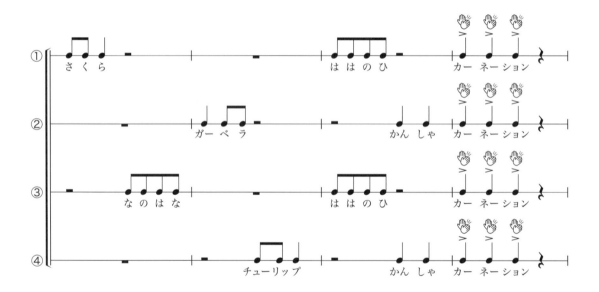

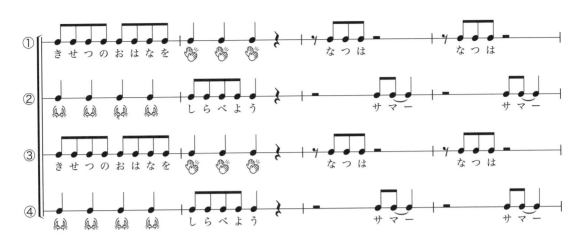

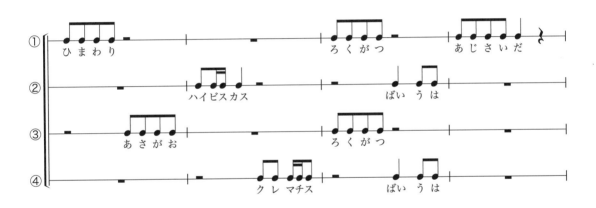

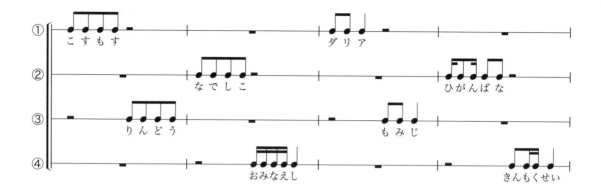

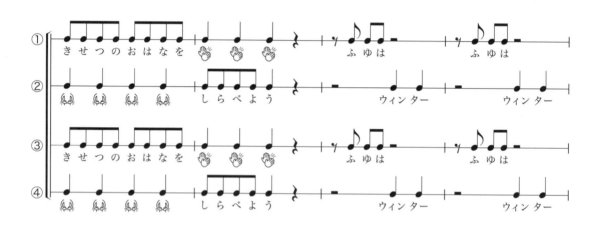

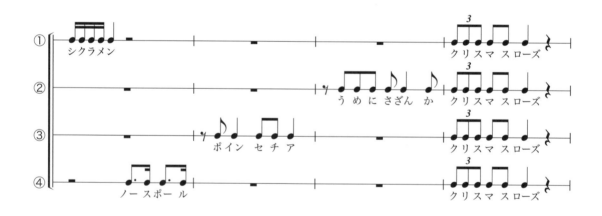

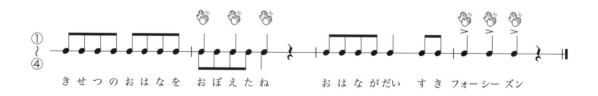

野菜シリーズの第1弾です。ボディパーカッションとボイスアンサンブルを組み合わせています。リズミカルにテンポよく曲を演奏してください。最後は手拍子や足ぶみ,おなかをたたいて演奏します。学習発表会などで披露してみましょう。

# 野菜のお祭りパート1

山田俊之　作詞・作曲

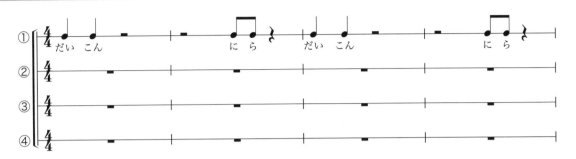

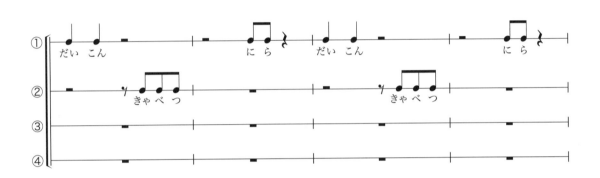

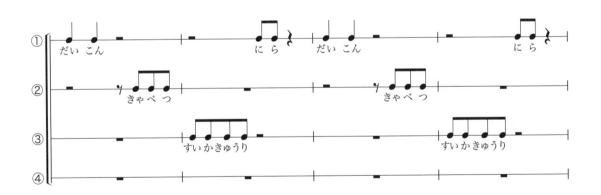

←この作品の音源はここから視聴できます

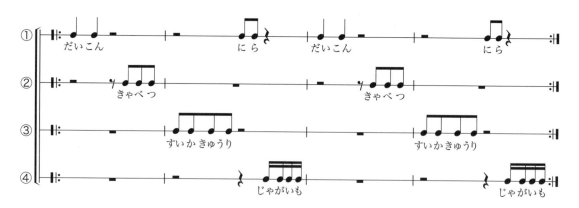

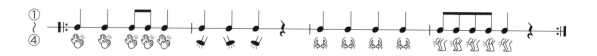

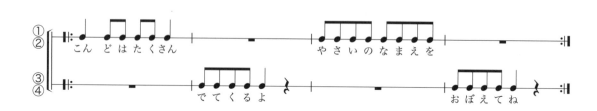

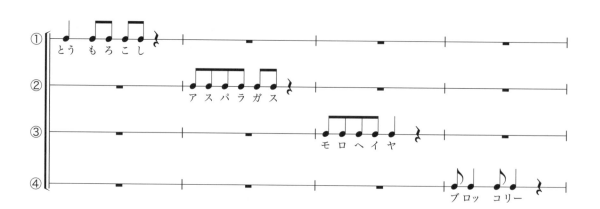

野菜シリーズの第2弾です。たくさんの野菜が登場します。紹介する野菜は25種類です。たくさん覚えて野菜好きになってもらいたいと思っています。

# 野菜のお祭りパート2

山田俊之　作詞・作曲

自
然

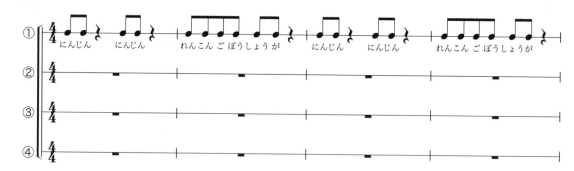

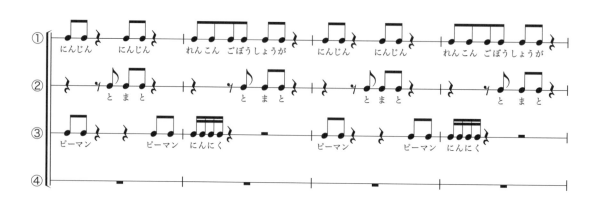

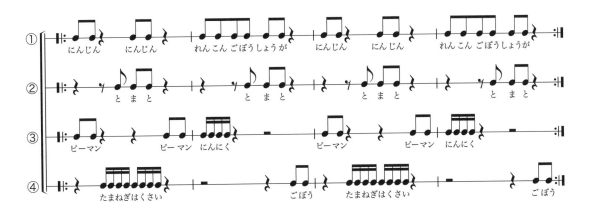

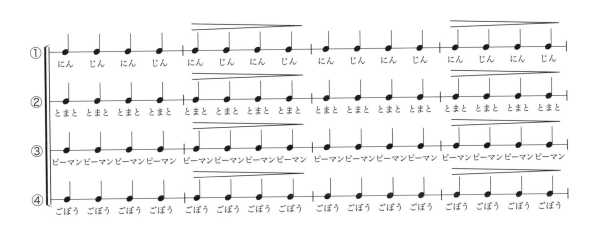

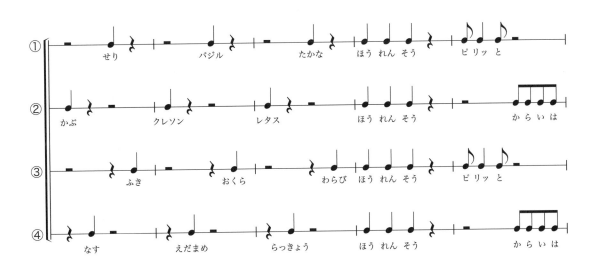

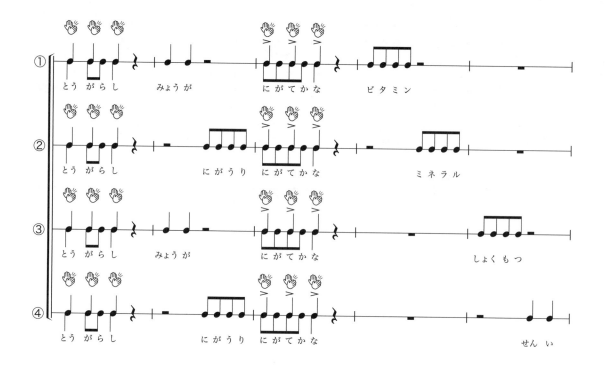

日本人はお魚が大好きです。お寿司もたくさん食べますね。また，漁獲の方法が数種類あります。漁業の基本知識を覚えて，日本が海に囲まれた国だということを実感してもらえたらと思います。

# お魚シリーズ

山田俊之　作詞・作曲

自
然

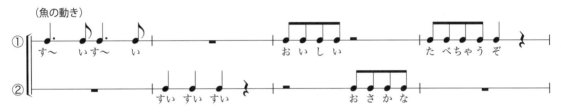

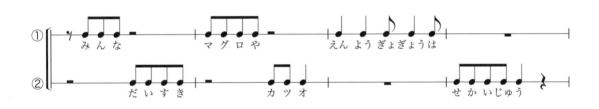

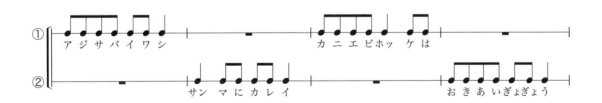

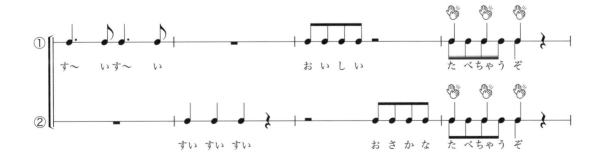

←この作品の音源はここから視聴できます

① ちかくの　　えんがん ぎょぎょう　はる なつ　　たくさんとれる
② 　　うみで　えんがん ぎょぎょう　　あき ふゆ　たく さん とれる

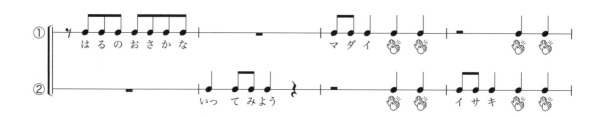

① はるのおさかな　　　　マダイ 🖐🖐　　　🖐🖐
② 　　いっ て みよう　🖐🖐 イサキ 🖐🖐

① キス 🖐🖐　　🖐🖐 ヒラマサ 🖐🖐🖐 とれるん だ
② 🖐🖐 ハマグリ🖐🖐　　サザエも とれるん だ

① なつのおさかな　　　　スズキ 🖐🖐　　　🖐🖐
② 　　いっ て みよう　🖐🖐 メバル 🖐🖐

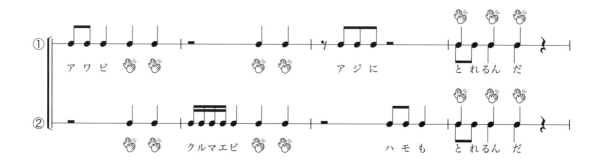

① アワビ 🖐🖐　　🖐🖐 アジに 🖐🖐🖐 とれるん だ
② 🖐🖐 クルマエビ🖐🖐　　ハ モも とれるん だ

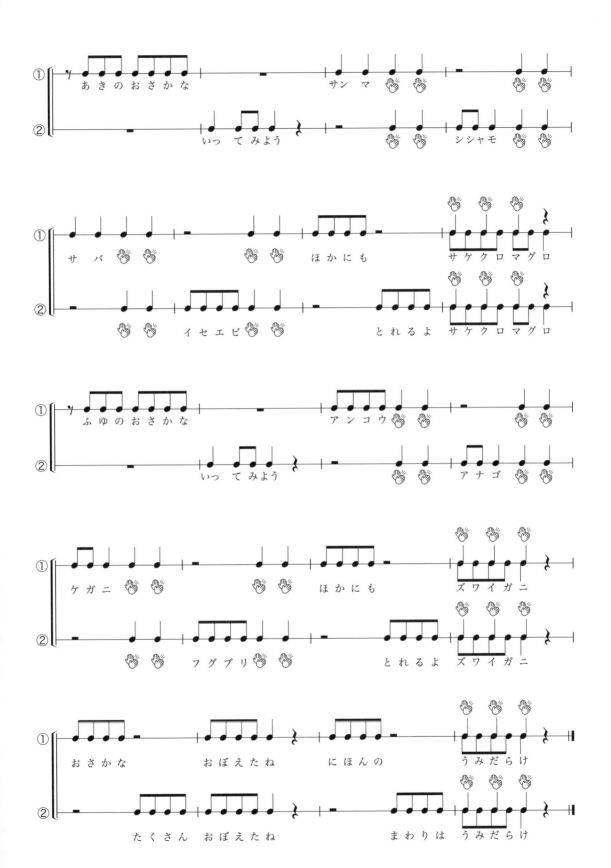

# かわいい虫さん

山田俊之　作詞・作曲

自
然

※2回目…「テントウムシ」

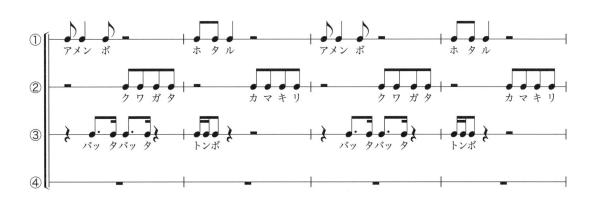

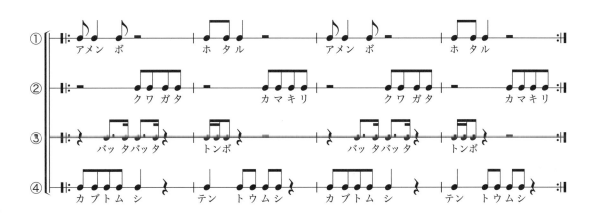

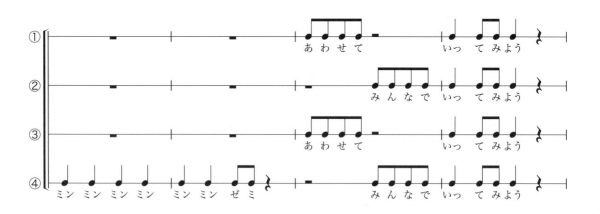

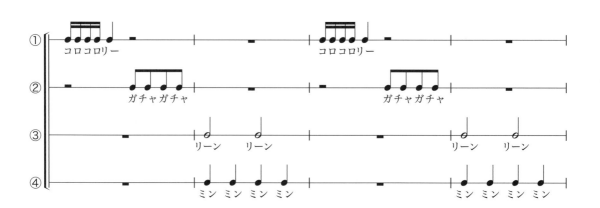

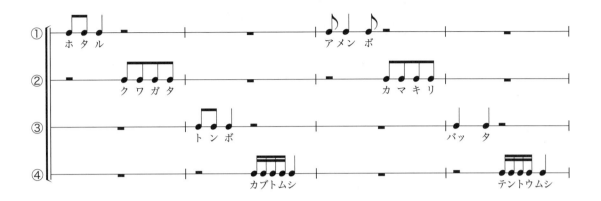

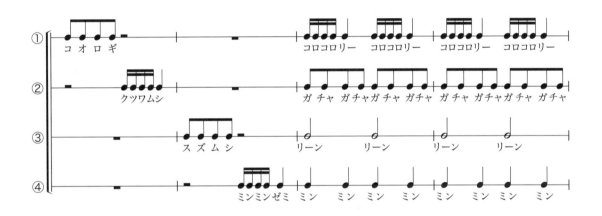

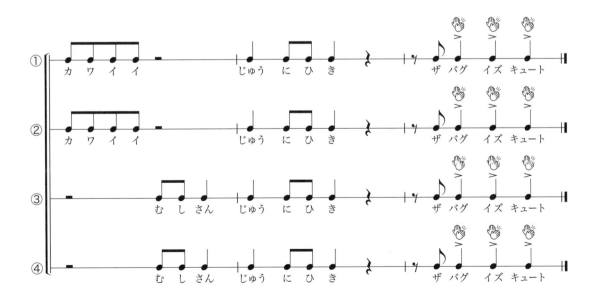

東北・北海道地方には,「雪まつり」や「ねぶた祭り」などの有名行事や観光名所がたくさんあります。また, 美味しい食べ物も, 海産物など数え切れません。そして, 忘れてはいけないのは東日本大震災です。フクシマを忘れてはいけないと思っています。

13

# ボイス de お出かけグルメ旅 東北・北海道編

山田俊之 作詞・作曲

観光・グルメ

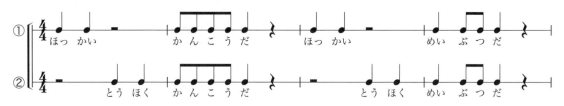

① ほっかい かんこうだ ほっかい めいぶつだ
② とうほく かんこうだ とうほく めいぶつだ

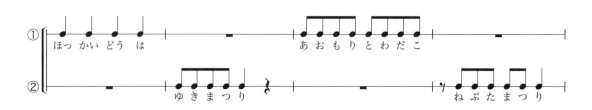

① ほっかいどうは あおもりとわだこ
② ゆきまつり ねぶたまつり

① いわてはこんじき あきたはおがの
② ちゅうそんじ なまはげだ

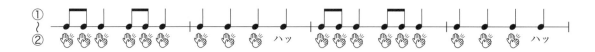

ハッ ハッ

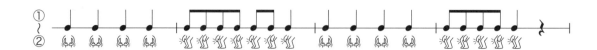

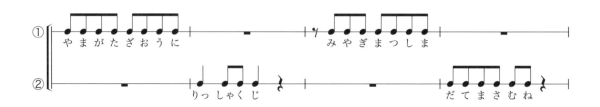

① やまがたざおうに みやぎまつしま
② りっしゃくじ だてまさむね

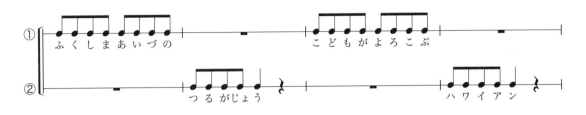

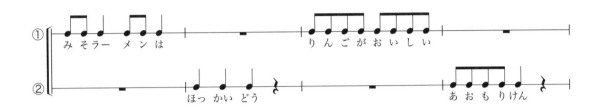

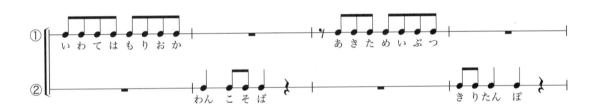

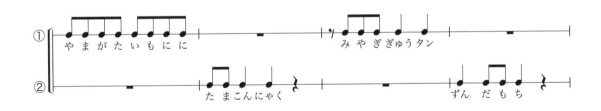

東京を中心に多くの県があるので，名物や観光地をすべて取り上げることはできません。子どもたちが学んで楽しそうなものを選んでみました。指導者の方は，補足説明をお願いします。

# ボイス de お出かけグルメ旅
# 関東・甲信越編

山田俊之　作詞・作曲

観光・グルメ

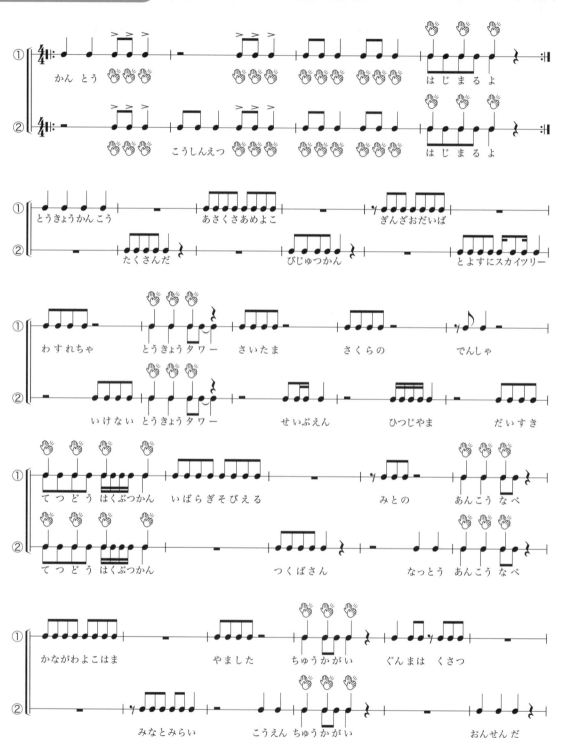

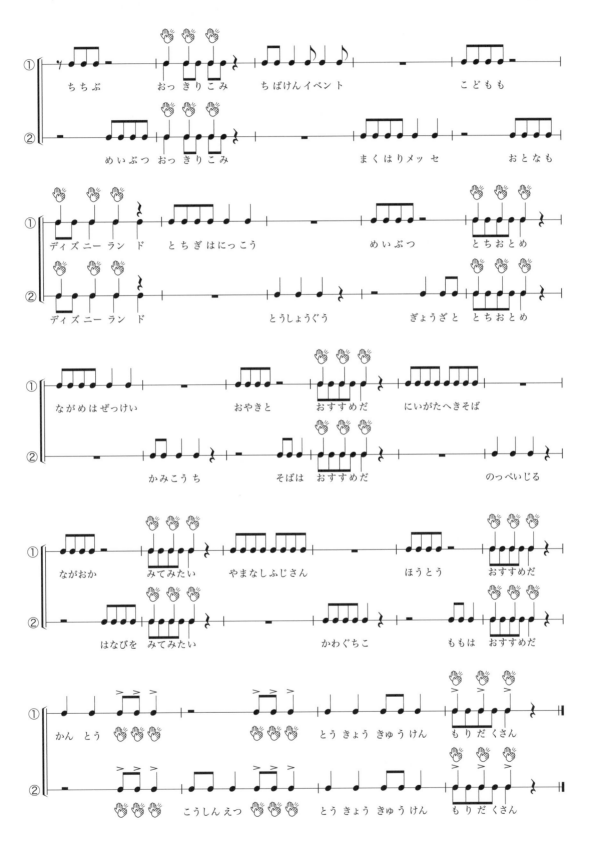

15

# ボイス de お出かけグルメ旅 北陸・東海編

山田俊之　作詞・作曲

観光・グルメ

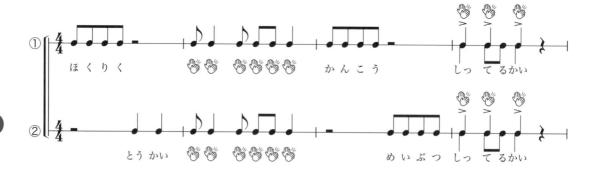

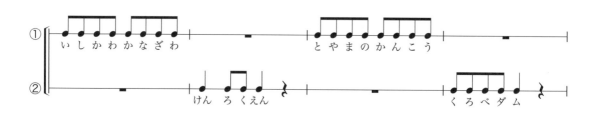

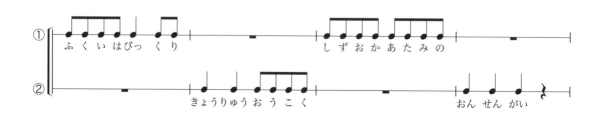

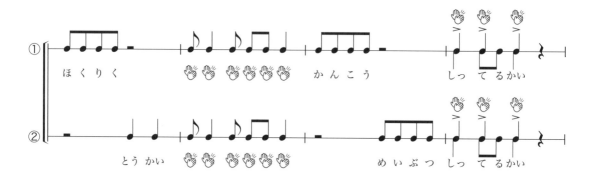

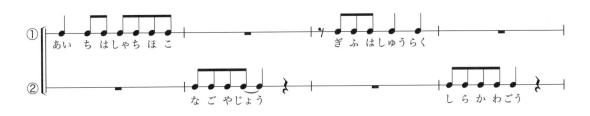

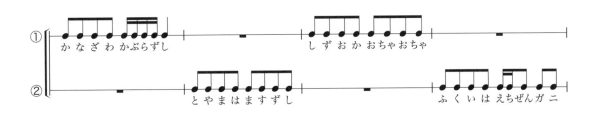

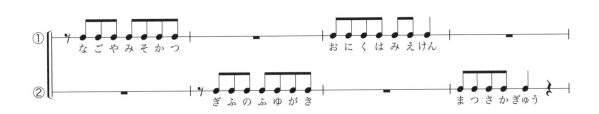

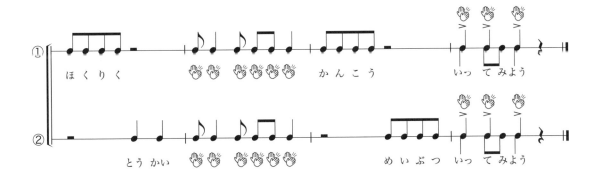

# ボイス de お出かけグルメ旅 関西編

山田俊之　作詞・作曲

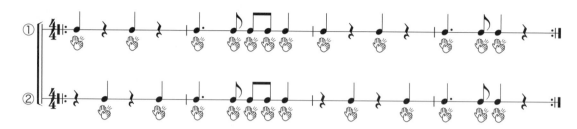

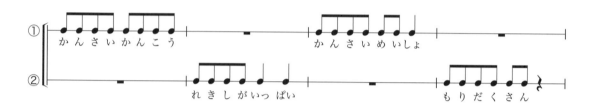

かんさいかんこう　かんさいめいしょ
れきしがいっぱい　もりだくさん

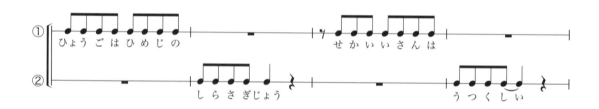

ひょうごはひめじの　せかいいさんは
しらさぎじょう　うつくしい

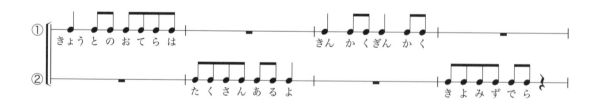

きょうとのおてらは　きんかくぎんかく
たくさんあるよ　きよみずでら

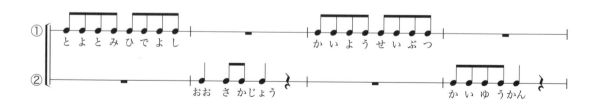

とよとみひでよし　かいようせいぶつ
おおさかじょう　かいゆうかん

観光・グルメ

70

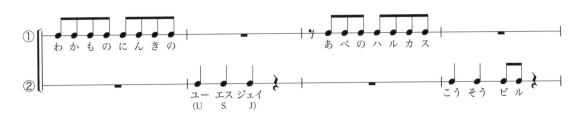

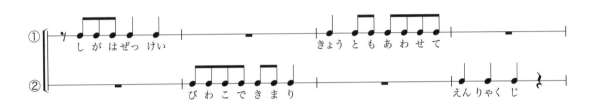

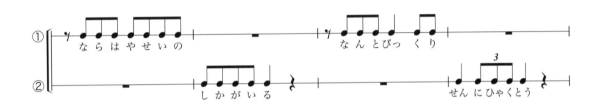

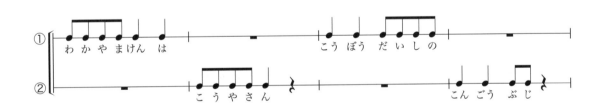

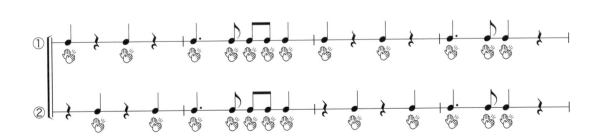

子どもたちが知らない場所がたくさんある
と思います。写真や地図などを用意して観
光地を教えてください。特に広島の原爆ド
ームや，出雲大社などは修学旅行で行くこ
とがあると思います。そのときは補足説明
を加えてください。

# ボイス de お出かけグルメ旅 中国・四国編

山田俊之　作詞・作曲

17

観
光
・
グ
ル
メ

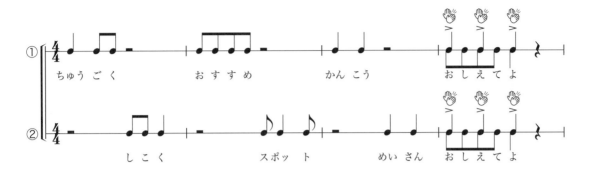

① ちゅうごく　おすすめ　かんこう　おしえてよ
② しこく　スポット　めいさん　おしえてよ

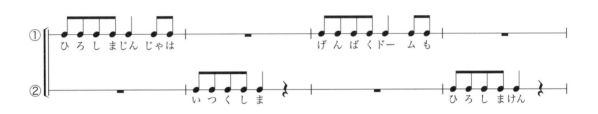

① ひろしまじんじゃは　げんばくドームも
② いつくしま　ひろしまけん

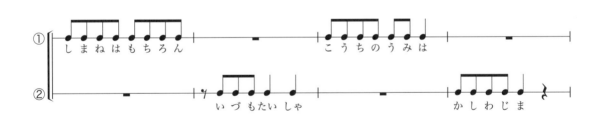

① しまねはもちろん　こうちのうみは
② いづもたいしゃ　かしわじま

① えひめはあったか
② どうごおんせん

① かがわにいちどは　おかやまていえん
② こんぴらまいり　こうらくえん

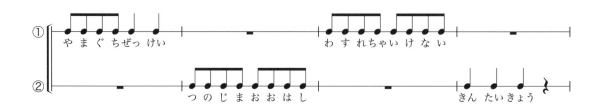

① やまぐちぜっけい　わすれちゃいけない
② つのじまおおはし　きんたいきょう

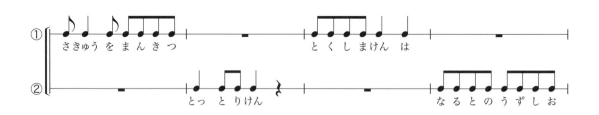

① さきゅうをまんきつ　とくしまけんは
② とっとりけん　なるとのうずしお

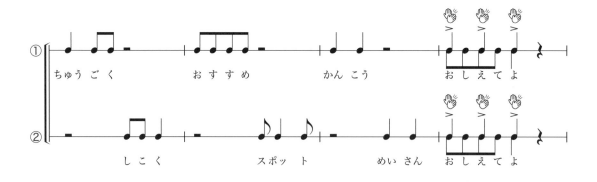

① ちゅうごく　おすすめ　かんこう　おしえてよ
② しこく　スポット　めいさん　おしえてよ

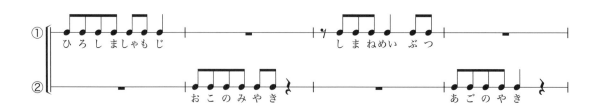

① ひろしましゃもじ　しまねめいぶつ
② おこのみやき　あごのやき

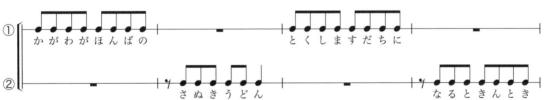

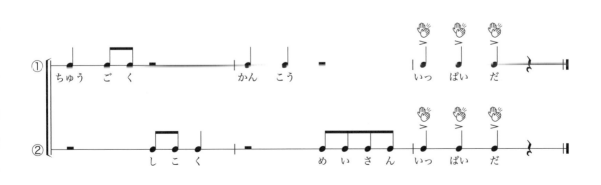

私の住んでいる九州はおいしいものが安く食べられます（笑）。ついつい，食べ物を優先してしまいました。グラバー邸や熊本城，桜島，沖縄首里城など歴史や自然も学んでください。

# ボイス de お出かけグルメ旅 九州・沖縄編

山田俊之　作詞・作曲

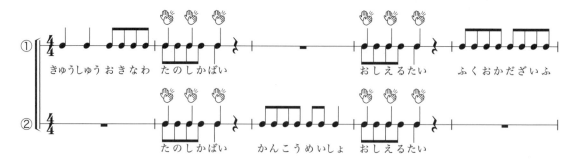

きゅうしゅう おきなわ　たのしかばい　おしえるたい　ふくおかだざいふ

たのしかばい　かんこうめいしょ　おしえるたい

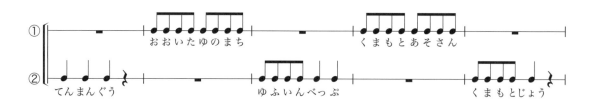

おおいたゆのまち　くまもとあそさん

てんまんぐう　ゆふいんべっぷ　くまもとじょう

ながさき グラバー　さがのいせきは　かごしまシンボル

ぐんかんじま　よしのがり

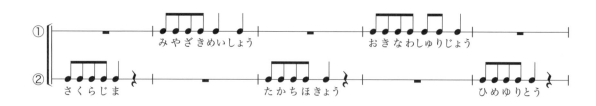

みやざきめいしょう　おきなわしゅりじょう

さくらじま　たかちほきょう　ひめゆりとう

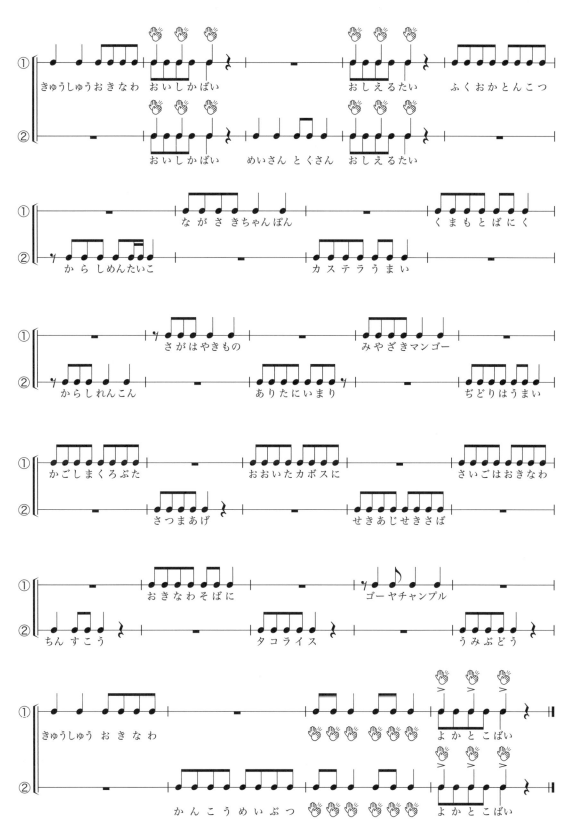

# 世界遺産に行ってみよう

世界中には，世界遺産が1100件以上あります。その中から，人気の世界遺産を紹介しています。曲をきっかけに，世界中の歴史的建造物や自然遺産を訪れてもらいたいと思います。

山田俊之　作詞・作曲

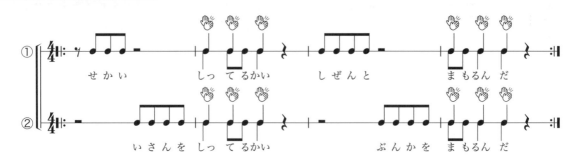

① せかい　しっ　て　るかい　　しぜんと　　まもるんだ

② いさんを　しっ　て　るかい　　ぶんかを　まもるん　だ

古今東西

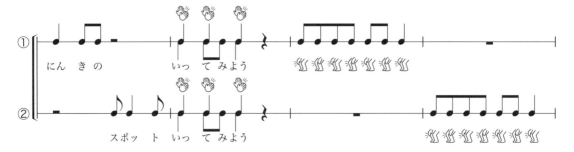

① にん　きの　　いっ　て　みよう

② スポット　いっ　て　みよう

① パーン　フ　ラ　ン　ス

② パーン　モン　サン　ミッ　シェル

① イ　タ　リ　ア　　アメ　リ　カ

② ベネツィアフィレンツェ　　グラン　ドキャニオン

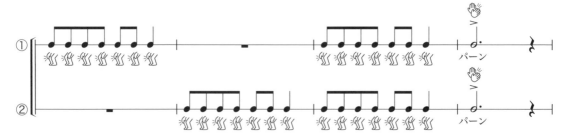

① パーン

② パーン

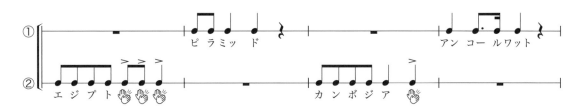

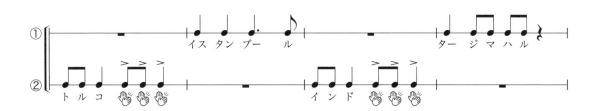

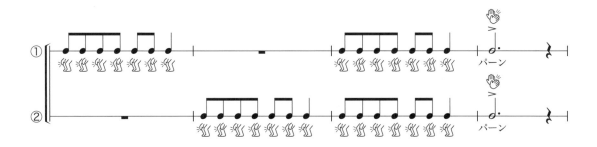

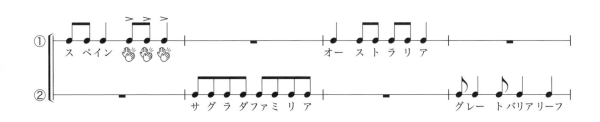

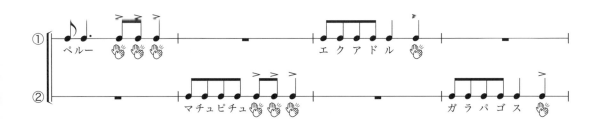

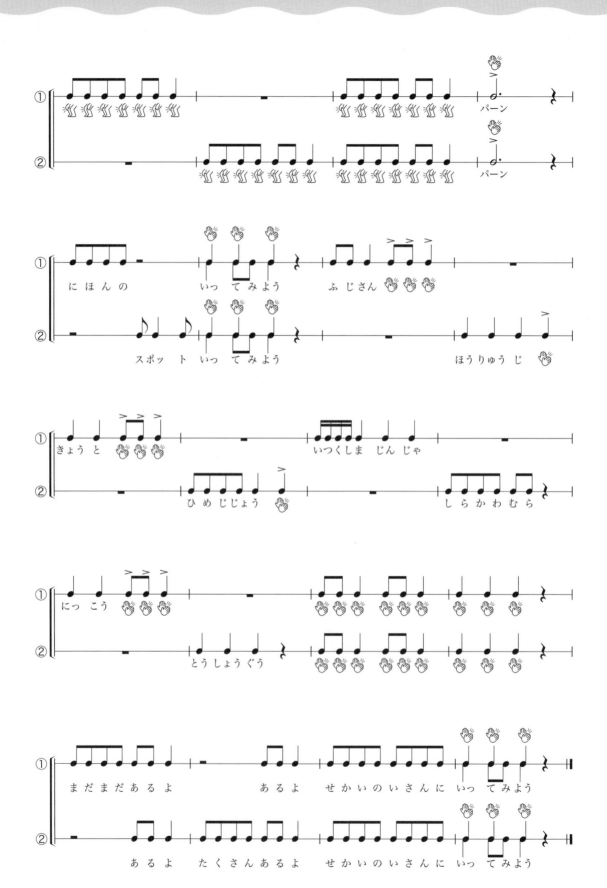

世界には様々な分野で偉業を達成した人がいます。様々な分野の人物を紹介し，子どもたちに将来の目標を見つけてもらいたいと思っています。登場している偉人については先生から補足説明をお願いします。

# 世界の偉人

山田俊之　作詞・作曲

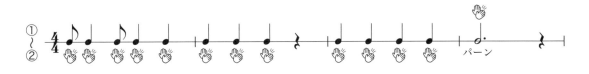

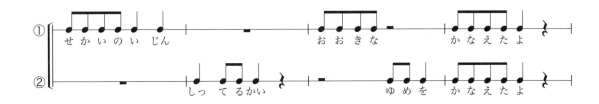

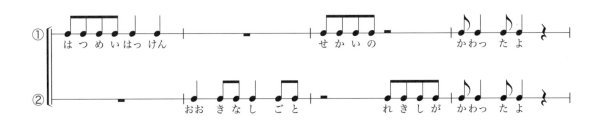

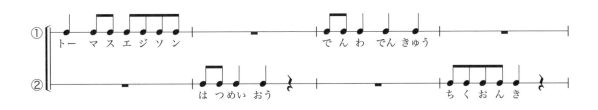

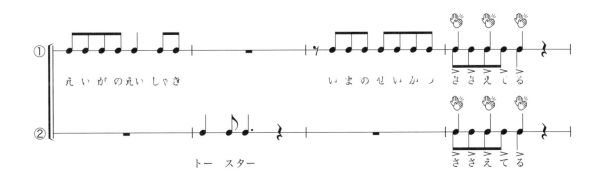

古今東西

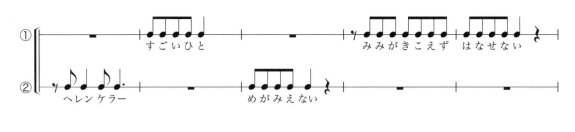

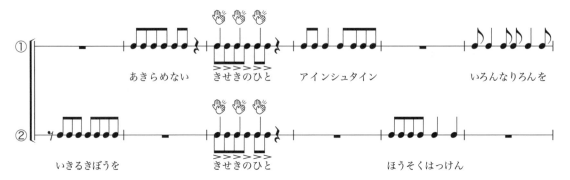

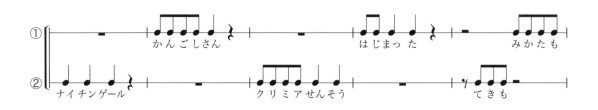

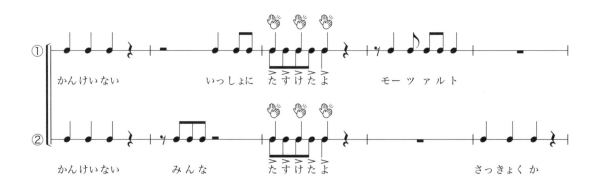

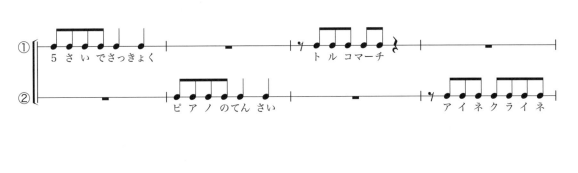

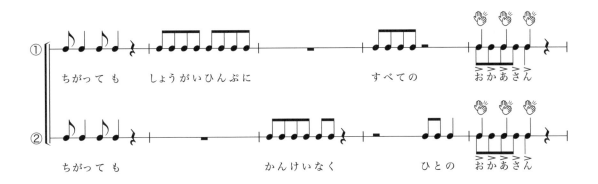

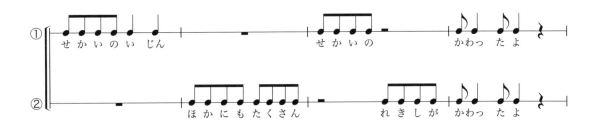

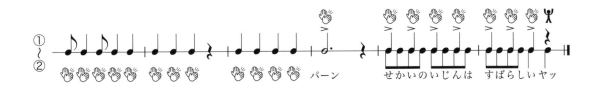

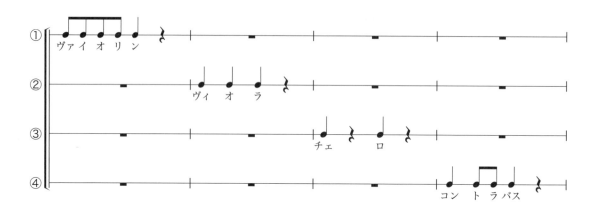

音楽の教科書にオーケストラの楽器は写真付きで出ています。曲は，弦楽器と金管楽器，木管楽器，打楽器に分けて紹介しています。ネット等でオーケストラの音を教えてあげてください。

# オーケストラの楽器

山田俊之　作詞・作曲

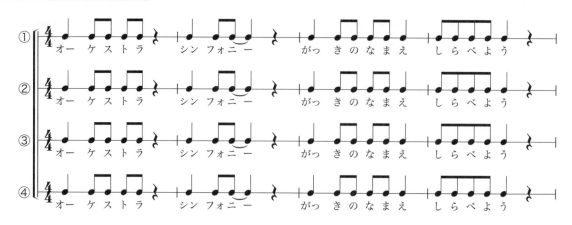

① オーケストラ　シンフォニー　がっきのなまえ　しらべよう
② オーケストラ　シンフォニー　がっきのなまえ　しらべよう
③ オーケストラ　シンフォニー　がっきのなまえ　しらべよう
④ オーケストラ　シンフォニー　がっきのなまえ　しらべよう

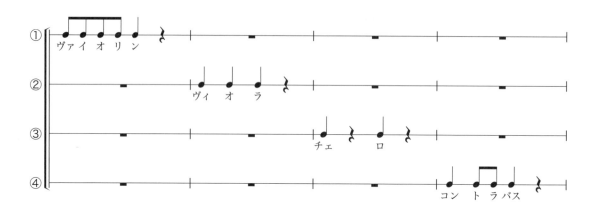

① ヴァイオリン
② ヴィオラ
③ チェロ
④ コントラバス

古
今東西

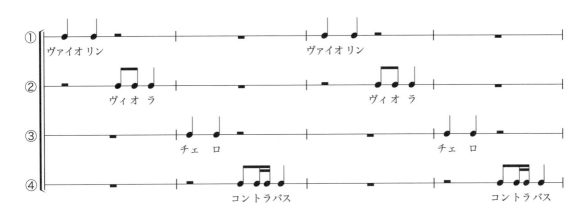

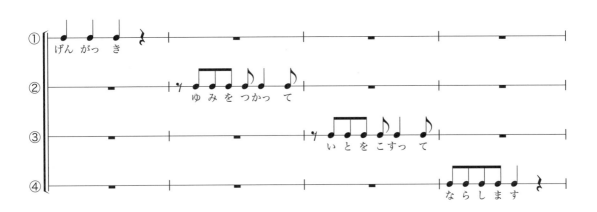

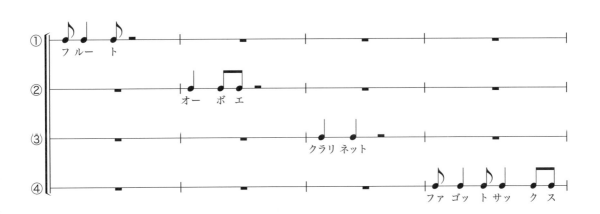

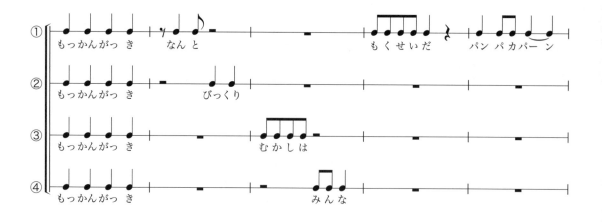

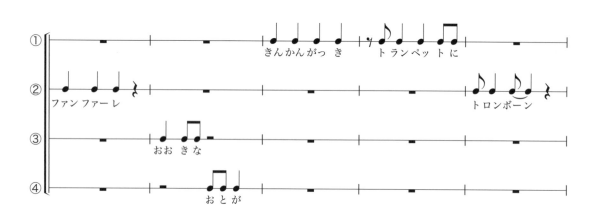

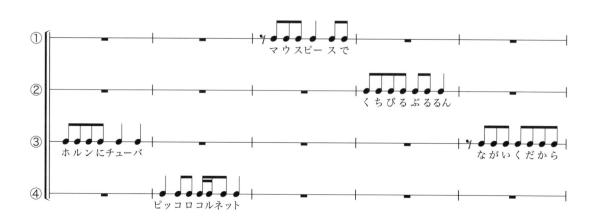

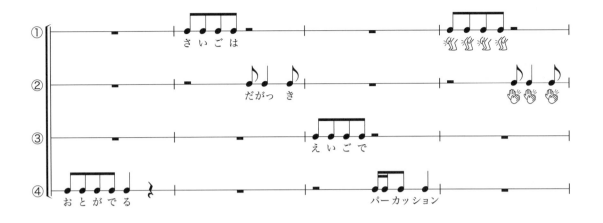

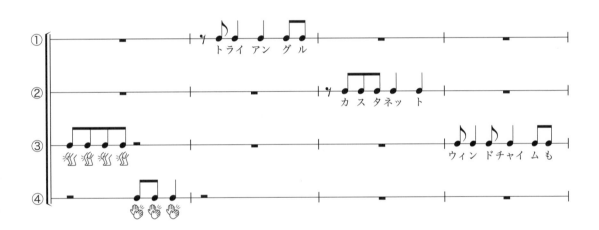

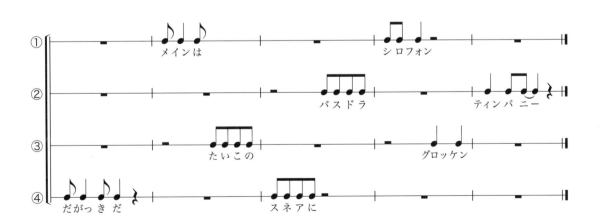

子どもたちは，外国の一般的な楽器は知っていますが，日本の楽器（和楽器）は意外と知りません。曲で紹介している和楽器があることを伝えて，ネットで調べて和楽器の音も紹介してください。

# 和楽器ア・ラ・カルト

山田俊之　作詞・作曲

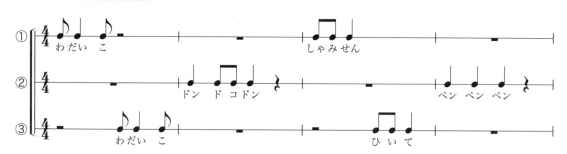

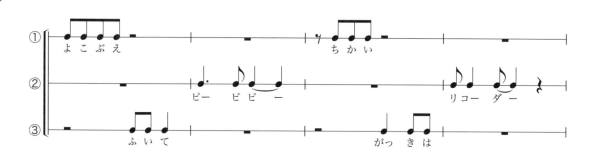

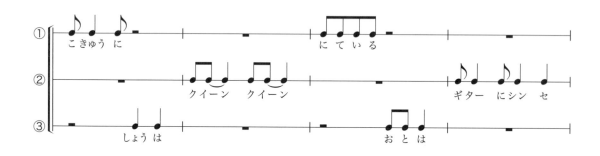

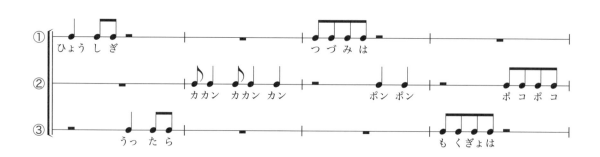

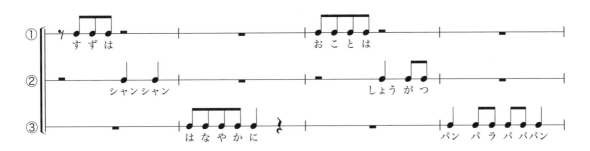

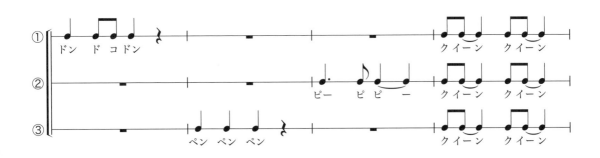

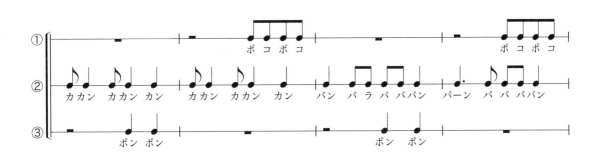

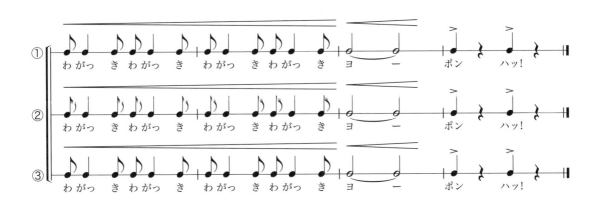

リズミカルに演奏して春の七草を覚えましょう。ボディパーカッションで手拍子とひざやおなか打ちなどを組み合わせています。花の名前から季節を感じてほしいと思います。無病息災など難しい言葉が出てきますので、子どもたちにその意味を教えてください。

# 春の七草 知ってるかい？

山田俊之　作詞・作曲

古今東西

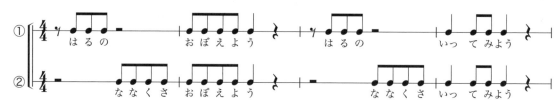

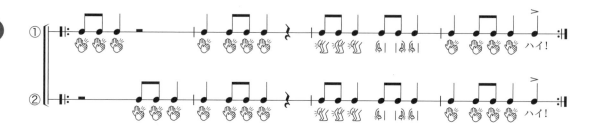

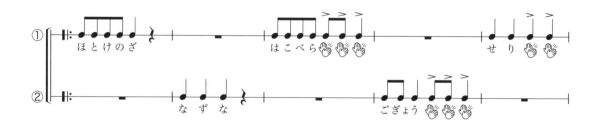

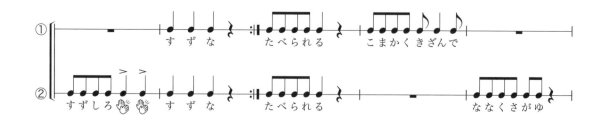

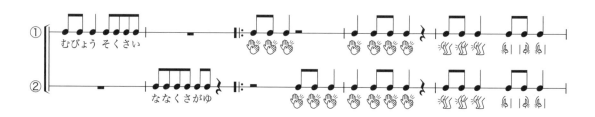

この曲も，ボディパーカッションと組み合わせてテンポよく演奏をしてください。また，万葉集の説明も加えてください。ネットで写真を見せてあげてください。

# 秋の七草 知ってるかい？

山田俊之　作詞・作曲

**古今東西**

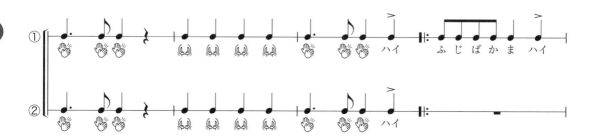

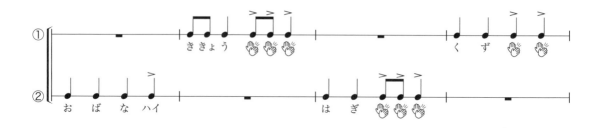

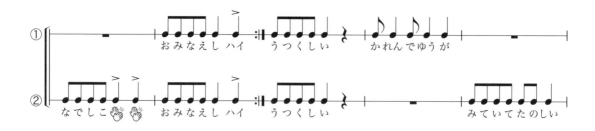

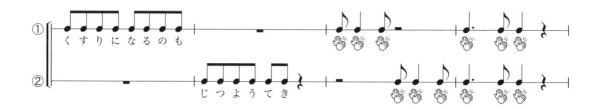

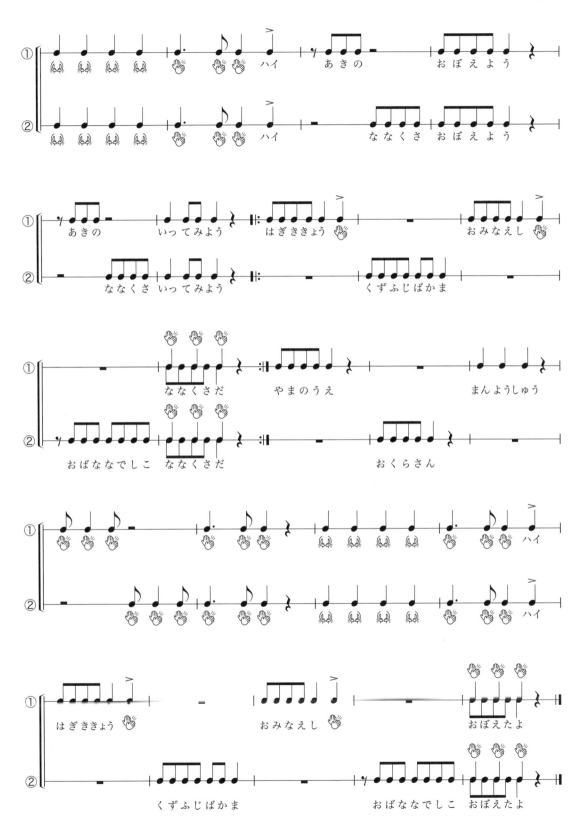

小学生の子どもにとって聞き慣れない名称かもしれません。昔はこのような呼び方で月を呼んだことを教えてあげてください。現在，実際の月と季節感は1，2か月ほどずれていることも知らせてあげてください。

# 和風月名

山田俊之　作詞・作曲

古
今東西

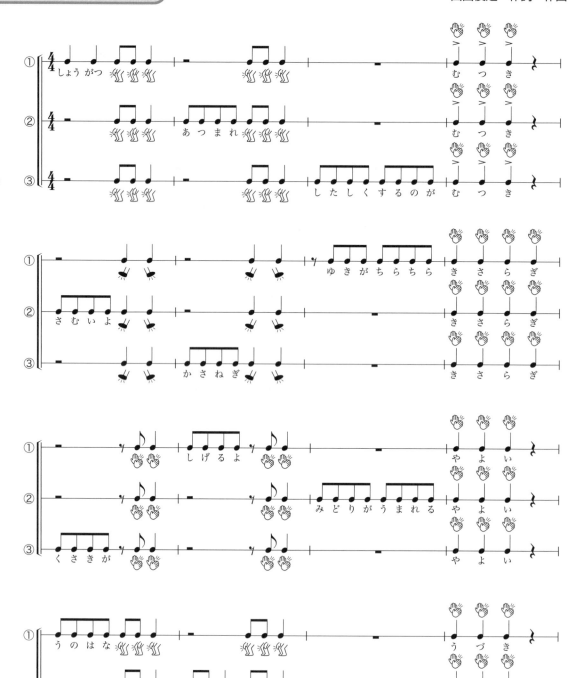

# 楽しい世界のパン祭り

日本，フランス，イギリス，ドイツ，イタリアなど各国のパンを紹介しています。学習発表会や授業参観などで保護者と一緒に楽しめると思います。ネットで写真などを見つけて，それを提示しながら発表するととても楽しいと思います。

山田俊之　作詞・作曲

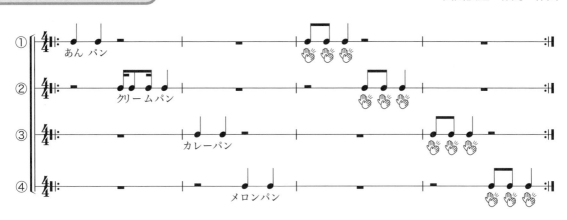

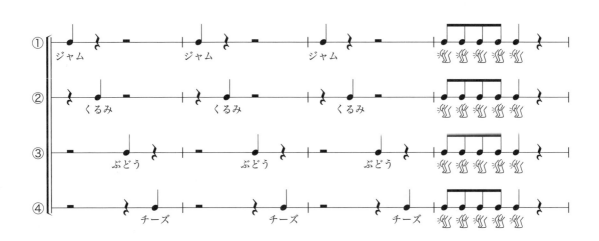

古今東西

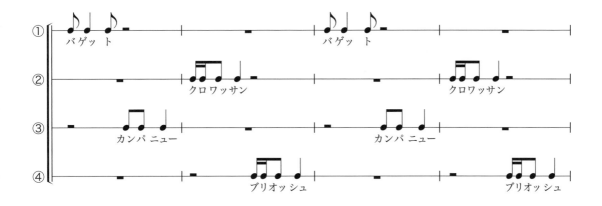

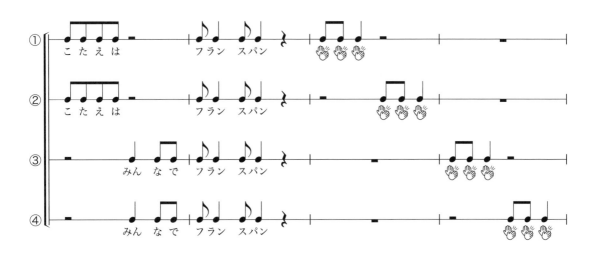

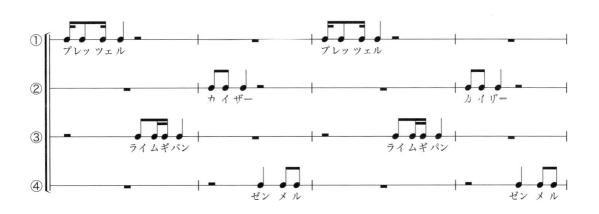

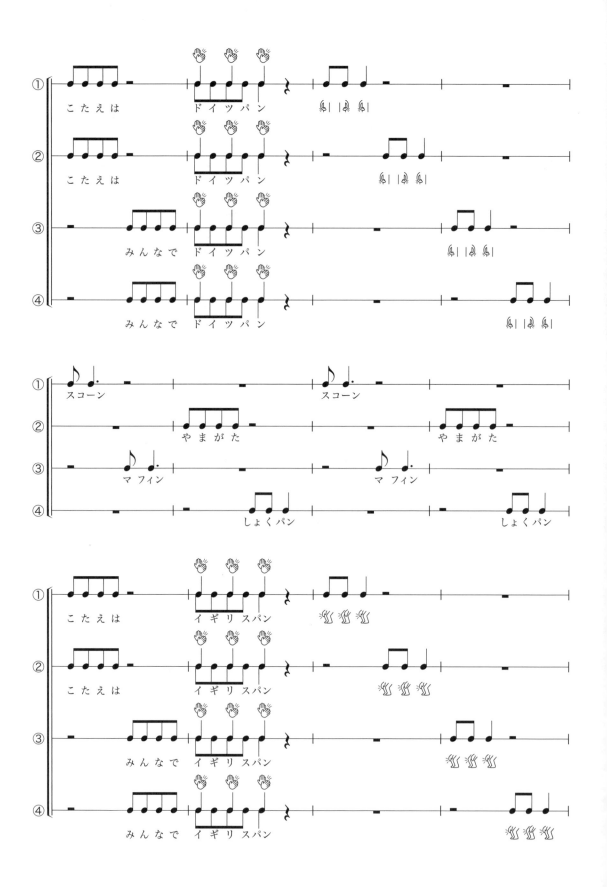

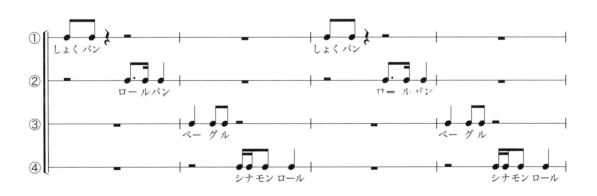

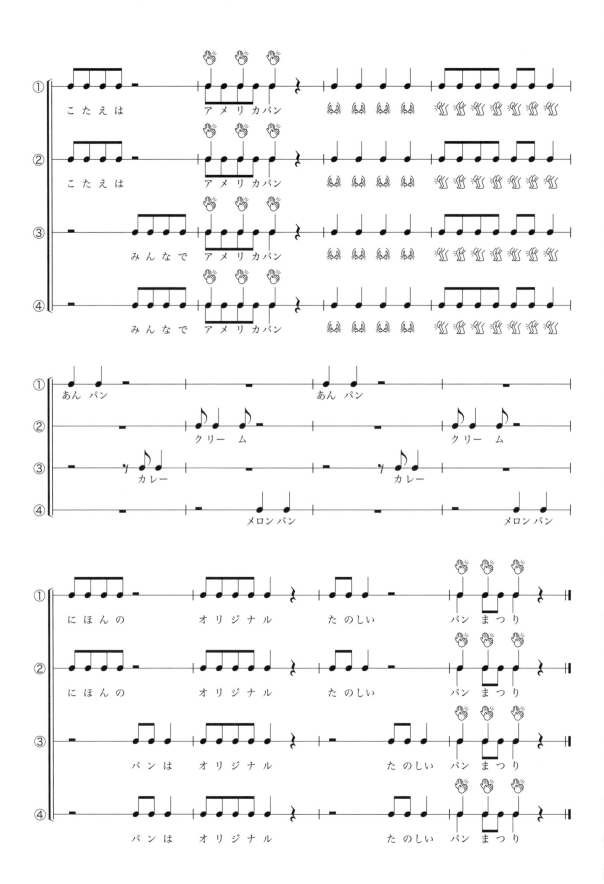

# おわりに

Chapter1 のコラムで「谷川俊太郎先生との共演がボイスアンサンブル作品の礎」と書かせていただきました。ご子息の谷川賢作先生（作曲家・ピアニスト）にこのことをお伝えしたら「10数年前になるのですね！ 楽しかったセッション，今でもはっきりと覚えております。（中略）コラム内容を父にも見せ『そうそう。そんなことあったね。面白かったね！』と喜んでおり，"父との共演が礎"とのタイトルは『ちょっとそんな恥ずかしいなぁ』と申しておりました。また，私も久里浜特別支援学校と交流コンサートを続けて10年目になります。先日，リアルのコンサートができました。（中略）いつも痛感することはリズムの大切さです」とお返事をいただきました。

本書の作品には，このような素晴らしい出会いや思いがたくさん詰まっています。言葉に音程はなくリズムがあります。複数で演奏するリズムアンサンブルやボディパーカッションがあります。お互いに「リズムを合わせる」「呼吸を合わせる」「雰囲気を読み取る」などのコミュニケーションが存在します。このような活動は，健常・障害のどちらの子どもたちにも効果を発揮すると思います。

子どもたちにとって様々な不安や障害があれば，「音程を取り，声量，楽器の音色，バランスを取る」ことが難しくなります。それは，要求するレベルが高くなればなるほど，健常，健聴な子どもたちにとっても同じです。しかし，本書のボイスアンサンブルは，「音程を気にせず，元気一杯声を出して楽しめる！」「気楽に合唱を楽しめる！」がテーマです。ぜひ，先生方も間違いを気にせず，楽しく気軽に指導してください。

バリ島の音楽「ケチャ」をご存知ですか？ 音程に関係なくシンプルな言葉の繰り返しや音の重なりは心地よい一体感が生まれます。大勢で演奏しているので，誰が間違えているかもわかりません。本書では，ぜひこの要素も取り入れたいと考えました。

本書を手に取っていただいたみなさんが，「間違いが間違いにならない」インクルーシブ教育教材として，様々なハンディがある子どもたちも一緒に「ボイスアンサンブル」を楽しんで指導していただくことを心から願っています。また，今回の書籍では取り上げられなかった楽しいテーマが他にもたくさんあります。みなさんが楽しく使っていただき，このシリーズの第2弾を出せることを心待ちにしています（笑）。

最後に，本書を執筆するにあたって，教育書編集部の木村悠氏には企画段階から，的確な指針とアドバイスをいただきました。さらには，参考音源の録音にも参加していただきました。心から感謝申し上げます。ありがとうございました。


2021年9月

山田　俊之

【著者紹介】

山田　俊之（やまだ　としゆき）

九州大谷短期大学教授，福岡女学院大学非常勤講師（教職課程）。小学校，特別支援学校，九州大学（非常勤：教職課程），九州女子短期大学（教授）勤務を経て現職。九州大学大学院博士後期課程修了（教育システム専攻）。

1986年小学校4年担任の時，ボディパーカッション教育法を考案し，現在まで活動を継続。

著書『ボディパーカッション入門』（音楽之友社），『ボディパーカッション de クラスづくり』『特別支援教育 de ボディパーカッション』『保育園・幼稚園 de ボディパーカッション＆リズム遊び』（以上明治図書）他多数。研究テーマは「特別活動」「ボディパーカッション教育」「特別支援教育」「発達障害」。

2005年ボディパーカッション曲「花火」が平成17年度「小学校音楽科教科書」（教育出版）に掲載。

2014年ボディパーカッション曲「手拍子の花束」が平成25年度「特別支援教用教科書」（文部科学省編集）に掲載。

2001，2004，2006年「NHK 交響楽団とボディパーカッションの共演」を実現。

2017，2018年ウィーン国立歌劇場で作品発表。オーストリア国立高齢者福祉施設でボランティア訪問。

2015年カンボジア教育支援を始め，2019年九州大学，国立音楽大学，広島大学スタディツアーを実施。

2019年ニューヨーク・カーネギーホールで作品発表。同市立高齢者福祉施設でボランティア訪問。

2019年 NHK「パプリカ」インクルーシブ教育プロジェクト「フーリン楽団」でボディパーカッション指導を行う。

連絡先 e-mail body@tebyoushi.com


〔楽譜浄書〕横山美由紀

ボイスアンサンブル＆ボディパーカッション
de リズム合唱
──すべての子どもが楽しめるインクルーシブ教育教材──

2021年11月初版第1刷刊　Ⓒ著　者　山　田　俊　之
　　　　　　　　　　　発行者　藤　原　光　政
　　　　　　　　　　　発行所　明治図書出版株式会社
　　　　　　　　　　　http://www.meijitosho.co.jp
　　　　　　（企画）木村　悠　（校正）川上　萌
　　　　　　〒114-0023　東京都北区滝野川7-46-1
　　　　　　振替00160-5-151318　電話03(5907)6703
　　　　　　　　　　ご注文窓口　電話03(5907)6668
＊検印省略　　　　　組版所　長野印刷商工株式会社

Printed in Japan　　　　　ISBN978-4-18-318623-2
もれなくクーポンがもらえる！読者アンケートはこちらから　→